栗原 康
Kurihara Yasushi

増補 G8 サミット体制とはなにか

以文社

増補　G8サミット体制とはなにか

G8サミット体制とはなにか：目次

はじめに

洞爺湖サミットをきっかけに

洞爺湖サミットテロ警戒中——二〇〇七年末頃から、国内のテレビや新聞で、こんなフレーズをよく見かけるようになった。二〇〇八年七月、北海道洞爺湖で開催されるG8サミットに向けて、日本政府の「テロ対策」と呼ばれるプロジェクトが進んでいるようだ。サミットといえば「テロ」と言わんばかりに、警官隊がハッスルしている映像に乗せて、「テロ警戒中」のフレーズが流される。こうして政府やマスメディアが「テロ」の危険性ばかりを強調する裏側で、「テロ対策」と称し、たった三日間の洞爺湖サミットのために、警備だけで一六〇億円以上の資金投入が決定されているという。ただでさえ、国は多額の借金をかかえ困っているといっては、つぎからつぎへと生活手当てを切りつめている状況だというのに、サミットとかテロ対策とか、そんなものにこれほどの大金を投入する意味がはたしてあるのだろうか。

「テロ」となざしされる対象にも目を向けてみたい。警視庁は警備を強化する根拠として、サミットの際に生じる暴動を例にあげている。たとえば、最近よくひきあいにだされるのが、二〇〇七年のドイツ・ハイリゲンダムでのサミットである。いわく、黒装束の暴徒たちが地元商店の器物破壊をおこなった、警官に投石をしてケガをさせた、車に火をつけた、などなど。テレビやインターネットで、車の炎上シーンとともに、危険な暴徒が暴れているといった報道を目にした人も多いのではないだろうか。しかし、実際のところ、暴徒といわれた人びとはそこでなにをやっていたのだろうか。それは本当に「テロ」といわれるほど危険なものだったのだろうか。建物を打ち壊したのであれば、よっぽどのことがあったのではないか。少しでも想像力を働かせれば、それくらいの疑問が浮かんできて当然である。

ハイリゲンダム・サミット

二〇〇七年、G8サミットの開催地はドイツ。六月六日から七日までの二日間、バルト海に面した古都、ハイリゲンダム市でおこなわれた。五月後半から、ドイツには世界中から一〇万人以上の人びとが結集し、G8サミットにたいして様々な抗議行動が組まれた。そのなかでも、一番の盛り上がりを見せたのが、六月二日であった。「暴動」と報じられているのもこの日である。六月二日、ハイリゲンダムに隣接するロストック市では、G8サミットに反対する団体全体で統一のデモが組まれた。そこには「人権」「女性」「環境」「貧困」「反戦」などの多様なテーマをもった団体、個人が参加し、その人数は八万人を越えていた。そのうち、だいたい二割が、暴徒と報道された黒服の若者である。デモは午後一時頃から、おおむね平和的にはじまった。デモ参加者には、きらびやかな格好をして街頭にアピールする集団もいれば、軍人の格好をして行進するピエロもいたし、妖精の格好をして警官をからかう人びと、巨大な操り人形をもって練り歩く人びと、サウンドカーで音楽をガンガン鳴らし、ぴょんぴょん跳ねながら盛り上がっている若者もいた。

黒服の若者のなかには、ブラック・ブロックという戦術をとり、デモの途中、とある食品関係の多国籍企業の建物を破壊する人びともいた。しかし、彼らも人体に危害を加えないという点では、他の参加者と同じく「非暴力」で統一されていた。標的はあくまで多国籍企業。多国籍企業の多くは世界中の人びとを低賃金で搾取し、不安定雇用におとしいれている。だが、それにもかかわらず、消費文化や宣伝広告という魔法を使って、あたかも自分たちが「清潔感にあふれた」「明るい」存在であるかのようなイメージをふりまいている。黒服の若者たちは、こうした魔法から自分たちの身体を解き放ちたいという思いをこめて、建物を打ち壊わしているようだった。二日のデモでは、このような若者の抗議スタイルもデモ表現の一つとして受けいれられ、デモを大いに盛りあげていた。

デモが終わったのは、午後四時頃。集結地点となった広場では、ＮＧＯ団体が集会とコンサートを開催していた。マスコミが暴動と報じた騒ぎが起こったのは、この時間帯からであった。当初、集会は予定どおりに行なわれていた。ところが突然、武装した警官隊が広場を取り囲み、参加者を挑発しはじめた。当然ながら、デモ参加者はこれに応答し、警官隊と小競りあいをはじめた。そして、車両一台が炎上すると、警察はそれに乗じて放水車を導入し、参加者に放水を行なってきた。しかも、警官隊は広場のなかにまで侵入し、集会の中断を告げてきた。これにたいして、黒服の若者を中心とする大勢の人びとが、警官隊を押しもどそうと素手で立ちむかった。

黒服の若者といっても、多くは文字どおりの非暴力であった。彼らは両手をあげ、「出て行け！」と叫びながら警官隊と対峙して、侵入を防ごうとした。だが、平和的な抗議者にさえ、警官は容赦なく目つぶしスプレーを浴びせかけ、放水をおこなってきた。警察の横暴にたいして、投石で応じる黒服の若者もいた。彼らは周辺の道路を打ち砕き、そのブロックを警官隊に投げつけた。投石といっても、それはあくまで警察のふるう暴力に対しての怒りであり、そんな暴力には従わないという意志表示のための象徴行動である。警官を倒そうとしていたわけではない。暴動の後、警官に二名の重傷者が出たことを理由に、多くのメディアが抗議者の暴力を批判したが、本当のところ、それが投石によるものなのか、その真偽すら実は分かっていない。六月二日に起こったとされる「暴動」は、政府やマスメディアが報道するような暴力的なものでは決してなく、むしろ数万の人びとがいっせいに、武装した警察の圧力や挑発に抗議し、また警察権力に守られなければ開催すらできないG8サミットの本質にたいして、怒りをあらわにした異議申し立ての行動なのであった。

ジェノヴァ、反サミット運動

G8サミットにたいして抗議行動がおこなわれたのは、なにもドイツが初めてではない。G8サミットは、開催のたびになんども抗議の標的となってきた。だが、なんといっても、大規模な反対運動が組まれ、世界中に衝撃をあたえたのは、二〇〇一年イタリアのジェノヴァ・サミットであった。この年、イタリアの大都市ジェノヴァには、G8サミットに反対するために二五万もの人びとが集まった。これに恐れをなしたイタリア政府は、船上に逃げてサミットを開催し、しかも船に近づけないように金網をはりめぐらせた。当然、サミット開催中、デモ隊が周囲を取り囲んで、激しい闘争が組まれた。警察の弾圧は熾烈をきわめ、数百名の逮捕者と負傷者を出し、しかも警官の発砲によって、デモの先頭に立っていた青年が正面から頭を打ち抜かれて殺されるという惨事までもが起こった。

ジェノヴァ・サミット以来、G8サミットが交通の便のよい都会で開催されることはなくなった。G8諸国はイタリアのように大勢の抗議者が集まり、サミット開催が拒まれてしまうことを恐れて、人の集まりにくい僻地を開催地に選ぶようになったのである。カナナスキス（カナダ）、エビアン（フランス）、シーアイランド（アメリカ）、グレンイーグルス（イギリス）、サンクトペテルブルグ（ロシア）、ハイリゲンダム（ドイツ）。どこをとっても、人の集まりにくい場所であることは確かだ。しかしながら、それでもサミット開催地には、数百、数千、数万の抗議者が集まってきた。G8サミットに多数の人びとが抗議するのは、いまや世界の常識である。そんななかで、ドイツのハイリゲンダム・サミットには一〇万もの人びとが結集し、日本の洞爺湖サミットへとバトンが受け渡された。

しかし、一〇万、二五万の人びとに抗議されるG8サミットとは、いったい何なのだろうか。なぜ、これほどまでに世界中の人びとから嫌われているのだろうか。それは「テロ対策」と称して、一六〇〇億円もの資金を投入しなくてはならないほどのものなのだろうか。本書では、G8サミットやそれが規定している「世界秩序」というものに説明を加えることで、この問いに答えるつもりである。

具体的には、第一章において現在のG８サミットを概説し、第二章において一九七〇年代からのサミットの歴史をふり返る。とくに第二章では、本書のキーワードとなる「サミット体制」という概念をもちいて、サミットを中心に築きあげられてきた世界秩序の解説をおこなっている。第三章においては、一九八〇年代からサミット体制の強力な推進力となってきた新自由主義が、第三世界にどのような影響をおよぼしたのかを説明し、第四章においては、それが先進諸国にどのような影響をおよぼしたのかを検討する。本書は「G８サミットとはなにか」を解説する入門書である。だが、一読していただければわかるように、サミットに注目することは、世界の貧困、差別、戦争などの多様な社会問題を考えるということでもある。したがって、本書はサミットの入門書であるばかりでなく、サミット体制のもとで蔓延してきたグローバルな社会問題の入門書であることを最初に一言しておきたい。

G8
Alternativgipfel
. - 7. Juni 2007
Rostock
www.g8-alternative-summit.org
Alternativen zu den G8 und ihrer Agenda
5. - 7. Juni 2007
in Rostock
www.g8-alternative-

サミットとは？

そもそもG8サミット（主要国首脳会議）とは何なのだろうか。G8サミットとは、主要八ヶ国（アメリカ、イギリス、イタリア、カナダ、ドイツ、日本、フランス、ロシア）が、年一回、各国もちまわりで開催する会議のことである。狭い意味では首脳会合のことを指しているが、首脳会合に先だって外相会合や蔵相会合なども開かれており、たいていはこれら全てをひっくるめてサミットと呼んでいる。サミットが開かれるのは、だいたい六月から七月にかけての二日から三日間。もちろん、急に会合が開かれているわけではなく、シェルパとよばれる各国の実務官僚が連絡をとりあい、G8サミットの協議事項を設定している。ちなみに、サミットは英語で「山頂」の意味であり、シェルパは「登山者が山頂にたどり着くための案内人」の意味である。

サミットの起点は、一九七三年に開かれたアメリカ、西ドイツ、フランス、イギリスの四ヶ国による蔵相会議である。アメリカで生じた**ニクソンショック**などの経済危機に対応するために開催され、その後、毎年一回、首相もふくめた首脳会合が開かれるようになった。一九七五年、フランス郊外のランブイエ城で開催されたサミットには、日本とイタリアも参加してG6サミットとなり、翌年からアメリカの説得でカナダも入ってG7サミットとなった。一九九八年からはロシアが正式に加盟し、現在のG8サミットとなる。G7のときまで、サミットの名称は「先進国首脳会議」であったが、G8になってから名称を「主要国首脳会議」と改めている。

時期が経つにつれて変化したのは、参加国の数と名称だけではない。一九七〇年代から現在までに、サミットはその役割をより広範なものにしている。論者によって異なるが、サミットはおおざっぱに言って、三つの時期区分で語られている。第一期は一九七〇年代である。当初、サミットは純粋に経済問題を議論するために開催された。先進国の間で国際通貨や自由貿易をめぐる経済政策の協調をはかることがその主な目的であっ

ニクソンショック
一九七一年八月一五日、アメリカのニクソン大統領は突然、金とドルの交換停止を宣言した。これにより、主要通貨は変動相場制へと移行し、ブレトンウッズ体制は崩壊した。ドル・ショックとも言いかえられる。

た。第二期は一九八〇年代である。この時期から、経済問題に加えて、冷戦を背景とした東西問題、安全保障などの政治問題が大きく議題にあがるようになっている。第三期は一九九〇年代である。冷戦後の国際情勢に対応して、環境問題、エイズ問題、途上国債務、テロ対策、麻薬対策などのグローバルな争点が主題として取り上げられるようになっている。第三期以降のサミットの役割は、グローバル化、ボーダレス化した経済問題、安全保障、治安問題をあつかっているため、グローバル・ガバナンス（地球統治）と呼称されることが多い。もちろん、三つの時期において、議論の争点がまったく別のものになったわけではない。むしろ、経済のグローバル化が進展するにつれて、それに付随する多様な問題が取り上げられるようになったとみたほうが自然だろう。

サミットで開かれる会合

サミットの役割が拡がるにつれて、会合後に発表される公式文書の量も増えつづけている。当初、公式文書はいわゆる「経済宣言」だけであった。だが、その後、個別イシューごとに「声明」が出されるようになり、一九八一年からは政治問題についての「政治宣言」が発表されるようになった。一九八六年からは、これに加えて各地の地域情勢についてのコメントである「議長総括」が出されている。一九九八年、ロシアの正式加盟後は、ロシアが参加していない経済討議については「G7声明」が出され、ロシアも参加する首脳会議については「G8宣言」が発表されている。その他にも、首脳会議に先立って行なわれている蔵相会議や外相会議でも公式文書が出されており、その量は膨大なものになっている。

こうした機能の増大と多様化にともなって、首脳会合の他にも、機能グループごとの会合が開かれるようになった。一九九八年からは、それまで首脳会合と一緒に開かれていた蔵相会合や外相会合も、別の時期に開かれるようになっている。二〇〇八年に開催される洞爺湖サミットの例をあげてみよう。

1　G20会合……千葉にて三月一四―一六日まで開催。
2　開発大臣会合……東京にて四月五―六日まで開催。
3　労働大臣会合……新潟にて五月一一―一三日まで開催。

4　環境大臣会合……神戸にて五月二五—二七日まで開催。
5　ＴＩＣＡＤⅣ（アフリカ開発会議）……横浜にて五月二八—三〇日まで開催。
6　エネルギー大臣会合……青森にて六月七—八日に開催。
7　内務・司法大臣会合……東京にて六月一一—一三日まで開催。
8　財務大臣会合……大阪にて六月一三—一四日まで開催。
9　科学技術大臣会合……沖縄にて六月一五日に開催。
10　外務大臣会合……京都にて六月二六—二七日まで開催。
11　首脳会合……北海道洞爺湖にて七月七—九日まで開催。

このように、首脳会合に先立って数ヶ月前から担当閣僚ごとの会合が開かれている。このうち、Ｇ20会合とは二〇〇五年のグレンイーグルス・サミットの際に、Ｇ８諸国やオーストラリア、中国、インドなどの国々で結成された二〇ヶ国のグループのことで、気候変動やクリーン・エネルギー、持続可能な開発などについての話し合いがなされる。ＴＩＣＡＤ（アフリカ開発会議：Tokyo International Conference on African Development）とは、日本が国連（ＵＮＤＰ、ＯＳＡＡ）や、アフリカのためのグローバル連合（ＧＣ

A)、世界銀行との共催で開催する、アフリカの開発をテーマとする国際会議のことである。一九九三年に開始され、今回が四回目になる。

労働大臣会合は、一九九三年、失業問題が深刻化するさなか、東京サミットでアメリカにより提案され、九四年から開催されるようになった会合である。環境大臣会合は、一九九二年、国連環境開発会議(地球サミット)の開催期間にあわせて、G7諸国の担当大臣で意見交換を行なうことを目的として生まれた会合で、その後、九四年から毎年開かれるようになっている。また、内務・司法大臣会合は、もともと一九九五年のハリファックス・サミットの合意にもとづき、その年の一二月にオタワでテロリズム対策閣僚級会合という名称で開かれ、日本からは国家公安委員長などが参加した会合である。その後は毎年、何らかのかたちで治安問題を担当する司法・内務関係の閣僚会合として開かれるようになっている。

非民主制

このように、首脳会合に加えて様々な閣僚会合が開かれているのをみて、G8サミットを内閣にたとえる評論家も多い。G8サミットは世界経済や国際政治において、世界政府の役割を果たしているといわれることもしばしばである。だが、G8サミットはそれ自体で世界の政策を決定しているわけではない。できないといったほうがよいかもしれない。なぜなら、G8サミットは正式な国際法的な手続きにもとづいたものでもなければ、国連などの国際機関から政策決定をおこなう権限を委任されているわけでもないからである。G8サミットは、あくまで八ヶ国の私的会合にすぎず、何ら拘束力のある決定を下すことはできない。毎年、G8サミットは会合後に「宣言」を発表しているが、そこに拘束力はともなわないし、G8諸国はそれを実行する責任をもたない。

だが、それにもかかわらず、G8サミットは実質的に世界の政治経済の動向を決定している。たとえば、サミットに参加する国々だけで、全世界の国民総生産の約三分の二を占めているし、地球上の二酸化炭素の排出量は四七パーセント、エイズもふくめた医療特許権には八〇パーセント、武器輸出には九〇パーセント、軍事支出には世界の六〇パーセントを占めている。開発や貧困問題にしても、気候変動にしても、医療問題にしても、軍事問題にしても、G8諸国の責任はきわめて大きいといえるだろう。

しかも、G8サミットは、**IMF**（国際通貨基金）や**世界銀行**、**WTO**（世界貿易機構）など、世界経済を圧倒的な力でコントロールしている超国家的機関を媒介として、首脳会合で決定されたことを実行に移している。サミットに参加する八ヶ国は、IMF

IMF

一九四四年の「ブレトンウッズ協定」にもとづき、一九四六年に設立された国際金融機関。国際通貨に関する国際協力の促進や、加盟国の国際収支不均衡を是正するための基金の短期的な貸し出しを任務としている。

世界銀行

IMFと同じく「ブレトンウッズ協定」にもとづいて設立された、経済復興計画のための財政支援を任務とする国際協力機関。IMFとは姉妹機関というべき存在であり、IMFが短期の国際金融機関であるのにたいして、世界銀行は長期の国際金融機関である。

WTO

一九九五年、「世界貿易機構を設立するマラケシュ協定」にもとづいて設立された国際機関。多角的な自由貿易を促進するために、加盟国間の交渉の場を提供することを目的としている。現在、WTOは度重なる交渉決裂のため中断を余儀なくされているが、EPA（経済連携協定）・FTA（自由貿易協定）がそれを代替する機能を果たしていると言ってよい。

にたいして四八パーセント、世界銀行にたいして四七パーセントの投票権をもっており、その内部における影響力は絶大なのである。また、**FTAA**（米州自由貿易地域）、**NAFTA**（北米地域自由貿易協定）、各地の**FTA**（自由貿易協定）、**EPA**（経済連携協定）においても、G8諸国の影響力はきわめて強く、サミットが政策決定の主導権を握っているといっても過言ではない。実質的にみれば、G8サミットは世界の政治経済について政策決定をおこなっているに等しいのである。

今日、世界中のNGO、市民団体、労働団体は、こうしたG8サミットのあり方が非民主的であるとして非難している。そもそも、サミットに参加している八ヶ国は、世界人口の一四パーセントを代表しているにすぎない。G8サミットを「先進国サロン」と皮肉る人びとも多い。中国とインドが除外されていることを考えても、G8サミットが世界を代表していると主張することはできない。しかも、G8サミットは、世界中で憂慮されている「環境問題」「貧困問題」を議題でとりあげ、「宣言」のなかでその解決を公言したりしているが、実のところ私的会合であるサミットにそれを守る義務などない。何よりも、こうした問題を当事国である第三世界を抜きにして、国際法的に何の権限もない私的会合で話し合われること自体に問題があるといえるだろう。

FTAA
一九九〇年にブッシュ大統領（父）が提起した、南北アメリカ大陸、およびカリブ海諸国三四ヶ国による自由貿易圏構想のこと。メルコスル（アルゼンチン、ブラジル、パラグアイ、ウルグアイ）、G3（メキシコ、ベネズエラ、コロンビア）などの地域協定が準備された。

NAFTA
アメリカ、カナダ、メキシコの三国間の自由貿易協定。重要産業分野についての厳しい原産地基準を定め、加盟国相互の投資を優遇する規則や、サービス貿易、知的財産権に関する規則、紛争解決手続の導入などを定めている。一九九二年に調印され、一九九四年に発効された。

FTA
物品の関税、その他の貿易の障壁を取り除いた自由貿易地域の構築を目的とした二国間あるいは複数国間の国際協定。

EPA
EPAは単なる物の貿易のみにかぎらず、金融、サービス、投資、技術協力、人の移動、政府調達の約束、犯罪防止等、あらゆる分野で幅広い連携を行なおうとする二国間、複数国間の自由貿易協定のことである。

新自由主義

G8サミットの政策は、新自由主義にもとづいている。新自由主義とは、「市場の自由化」「貿易の自由化」が人びとの富を最大化させるという考え方である。国内外の企業を完全な自由競争にさらせば、その国でもっとも安い商品を生産できる企業だけが勝ち残ることになる。そうすれば、どんな国でも安い商品を大量に輸出できるようになり、国際貿易で収益を上げ、経済的に潤うことができるようになると考えられているのである。新自由主義には、五本の柱がある。

1　輸入農産物の自由化（関税障壁の撤廃など）
2　公共部門の民営化（鉄道、郵便、医療、水道、教育に民間企業が参入）
3　労働の柔軟化（労働法制の基準緩和、非正規雇用の推進）
4　規制緩和（資本規制、安全基準、環境規制などの緩和）
5　警察国家化（テロ対策、移民管理の強化）

現在、世界中のほとんどの国々が、この五本柱にもとづいた政策をとっている。サミットに参加する国々は、ＩＭＦや世界銀行、自由貿易協定などを通じて、世界を新自由主義へと方向づけてきたのである。以下では、新自由主義の政策が、具体的にどんな影響をおよぼしているのかを概観するが、はじめに結論だけ述べておくと、世界は多国籍企業を中心とする巨大企業の利益を優先し、大多数の人びとを貧困におとしいれる方向に突き動かされてきたといえる。

農業、公共サービス

一九七〇年代後半から、ＩＭＦと世界銀行は関税障壁の撤廃、民営化の名のもとに、新自由主義政策を普及させていった。今日までに、ほとんどの国が企業の自由競争を促進するために、自国の産業に介入することから手を退きはじめている。たとえば、零細農家を保護するための関税や補助金は引き下げられているし、鉄道、水道、電気、通信、医療、教育などの公共サービスの民営化も実施されている。生活保護などの社会保障にいたっては、文字どおり切り捨てがはじまっている。

こうしたIMFや世界銀行の経済政策は、ラテンアメリカやアジア、アフリカ諸国の伝統的な農業を崩壊させ、大量の失業者を生みだす結果となった。それまで、貧しいながらもなんとかやっていくことのできた小規模農家は、その多くが先進国のアグリビジネスや大農家との自由競争に勝ち残ることができず、土地を失い、今では食べていくのも困難になってしまった。市場競争で生き残るために、世界の農業は**モノカルチャー化**を余儀なくさせられたが、このことによって、各国の食糧自給率は大幅に引き下げられることになった。第三世界諸国のなかには、国内が飢餓で苦しんでいるにもかかわらず、輸出向けの牛の肥料ばかりを耕作しつづけなくてはならない国もある。

農村から都市に出て工場労働者になる人びとも多いが、たいていは低賃金の使い捨て労働者として雇われることになる。民営化の影響も多大であり、たとえばフィリピンでは、水道事業が多国籍企業にゆだねられたことによって、水道代が五倍、七倍へと膨れあがり、貧しい人びとが飲料水にアクセスできないという事態が生じたこともあった。民間企業の場合、それがどんなに人びとの生活に不可欠なサービスだったとしても、儲からなければ料金をつり上げるし、撤退もするのである。「市場の公平性」を確保することは、人類の富を増大させるどころか、世界中の人びとを貧困におとしいれ、飲料水や医療、教育などの生活インフラにアクセスできないような人びとを増やし続けている。

世界の貧困

この二〇年間で、地球上のもっとも貧しい人びとの生活は、より貧しくなっている。統計を見ると明らかなのだが、二〇〇〇年代初頭までに、第三世界のほとんどの国々が絶対的な貧困をかかえるにいたっている。現在、二八億の人びとが一日二ドル以下で暮らし、そのうち一二億人が1ドル以下で生活している。こうした貧しい人びとのうち、

農業のモノカルチャー化
農業生産を効率化するために、国内農業を単一農作物に集中すること。とくに、トウモロコシ天然ゴム、サトウキビ、コーヒー豆などの商品作物に特化されることが多い。

およそ八億人は飢餓状態にさらされており、一五秒に一人の割合で子供が亡くなっている。しかも、これはＩＭＦや世界銀行の調査によるものであり、貧しい人びとの実数を過小に見積もっていると指摘する声もある。また、**ＵＮＣＴＡＤ**（国連貿易開発会議）の調べによると、一日一ドルという額に遠くおよばない国も数多くある。たとえば、ニジェール、コンゴ民主共和国、バングラデシュ、インドなどの多くの人びとは、一日〇・三ドル以下の生活を強いられているといわれている。

なかでも、アフリカの貧困の拡大はとくに厳しく、**サブサハラアフリカ**では、半数の人びとが一九九〇年の時点より貧しくなっており、この一〇年間で極度の貧困状態にある人びとの数は、二億四二〇〇万人から三億人になる。二〇一五年までに、その数は、三億四五〇〇万人にまで増えるだろうと予想されている。これらの地域では、ＨＩＶ、マラリア、結核などの感染症も深刻である。サブサハラアフリカでは、ＨＩＶにより、この五年で一〇歳近くも平均年齢を下げている。ザンビアやボツワナのように、平均年齢が三〇代前半という国もまれではない。マラリアによる死者数は、毎年一〇〇万人にものぼり、そのほとんどが子供である。結核の死者数は、その倍で二〇〇万人を越えており、ＨＩＶの死者数の主な原因となっている。疾病が人びとを貧困におとしいれ、医療費が国家の財政を苦しめる。財政難のため、感染症を予防するための適切な処置をとることができない。サブサハラアフリカは、そのような貧困の罠にとらわれている。

労働の柔軟化

いったい何が起きているのだろうか。明らかなのは、私たちの身のまわりで、富める者と貧しい者との格差が拡大していることである。数値を見るとはっきりするのだが、現在ではわずか二〇〇社から三〇〇社の多国籍企業が、世界資本の約四分の一、世界貿易の約七〇パーセントをコントロールしている。こうしたなかで、一九五〇年以来、国内の格差が増大した国は五四ヶ国もあり、世界のもっとも豊かな五パーセントの人びと

UNCTAD
一九六四年に第三世界諸国の圧力で開催され、その後常設化した途上国開発の支援を目的とする会議。

サブサハラアフリカ
アフリカ大陸のサハラ砂漠以南の地域のこと。

と、もっとも貧しい五パーセントの人びとの収入の合計差は一一四倍にまでなっている。比較の仕方を変えてみると状況はさらに深刻であり、世界のもっとも豊かな一パーセントの人びとの年収総額は、もっとも貧しい五七パーセントの人びとの年収総額に等しくなっている。世界の不平等はグロテスクといえるほどまでに拡大している。

ＩＭＦや世界銀行の進めてきた市場の自由化は、第三世界の人びとを貧困におとしいれてきたが、逆に、多国籍企業にたいしては、低賃金で利用可能な労働力を増やしてきた。近年、先進国においても労働の柔軟化が進み、労働環境の不安定性が問題とされているが、第三世界では三〇年も前から労働者を無権利状態におき、多国籍企業に低賃金労働を提供してきた。第三世界では、ストライキ権などの労働者の権利を剥奪することは一般的なことであったし、先進国でもこの二〇年間で、派遣事業の自由化や労働契約法制、フランスのＣＰＥ法案のような非正規雇用を促進するための労働政策が推し進められてきた。市場の自由化は、巨大企業や経済エリートの利益ために労働市場の自由化を進め、企業がフレキシブルに利用することのできる使い捨ての労働力を醸成してきたのである。

気候変動

また、先進国の多国籍企業は、環境規制の弱い、あるいは規制を緩めさせた第三世界を利用しながら、工業化を驀進させてきたが、それは一国の公害問題を超えて、世界全体の環境問題を引き起こすまでになっている。なかでも、今日、一番の焦点となっているのが、気候変動の問題である。気候変動問題とは、工業化の影響によって二酸化炭素やフロンなどの温室効果ガスが大量に排出され、大気が暖められることで地球全体の平均気温が上昇しているという問題である。世界の科学者が集結してまとめた二〇〇七年の「気候変動に関する政府間パネル（ＩＰＣＣ）第四次評価報告書」によると、大気中の温室効果ガス濃度は産業革命前と比べると約三割増加し、過去一〇〇年で世界の平均気温は〇・七四度上昇している。今後、二〇三〇年までには、一〇年あたり〇・二度の気温上昇が避けられないという。

地球の平均気温の上昇は、降水量の変化によって洪水、干ばつを頻繁にもたらし、水不足を深刻化させている。また、サンゴなどの生物種の絶滅や、熱波や感染疾病などの健康被害も引き起こし、人類の生活基盤をおびやかす大きな脅威となっている。こうした問題は、貧困問題とも密接に結びついている。現在、環境破壊によって生活基盤を奪われ、他の地域に移動しなくてはならなくなった人びとのことを環境難民と呼んでいるが、こうした人びとの数は二〇一〇年までに五〇〇〇万人に達するだろうと推定されている。環境難民とよばれる人びとのなかには、絶対的な貧困のなかで、人身売買の危険にさらされる人びとも少なくない。

二〇〇五年、二酸化炭素を削減するために、京都議定書の発効が決まった。ここには、二〇〇八年から二〇一三年までの先進国の削減目標が定められており、一九九〇年のレベルから五パーセントの削減が目標とされている。しかし、世界でもっとも多くの二酸化炭素を排出しているアメリカは参加しておらず、当初から議定書の有効性は疑問視されてきた。他の先進諸国にしても、京都議定書の削減目標が達成される可能性はほとんどない。日本にしても温室効果ガスの排出は増加傾向にある。こうした状況を変えるために、現在、多くの環境団体が二酸化炭素の排出削減を訴えるようになっている。とくに、この数年間、G8サミットはアメリカをふくむ主要な先進諸国が集まる場であるために、京都議定書の遵守などを要求する絶好の機会として大きく焦点化されてきた。こうした圧力もあってか、昨年、二〇〇七年のハイリゲンダム・サミットでは、二〇五〇年までに温室効果ガスの排出量を半減すべく検討することが約束された。

だが、G8諸国が打ち出している解決策の最たるものが、原子力発電所の積極的推進であることに注意しなくてはならない。それは世界各地に新たな環境問題を引き起こす提案でしかないだろう。あるいは、排出権取引のように、二酸化炭素削減の目標値をクリアできなかったとき、その削減量を企業間、地域間、国家間で金銭取引できる余地が認められたことにも注意する必要がある。それは環境の問題を貿易や市場取引の問題にすりかえるだけのことかもしれない。G8諸国のオルタナティブには、結局のところ従来と同じように工業化と自由貿易の論理が通低しており、新たな問題を引き起こす危険性をはらんでいる。それゆえに、環境団体のなかには、そもそも産業界の要求をベースとしているG8サミットに異議を唱え、その解体を主張する人びとも少なくない。

戦争、テロ

Ｇ８サミットの推進してきたグローバルな経済政策は、戦争の問題とも切り離して考えることができない。冷戦の終結以来、驚くほど多くの戦争が行われてきた。この二〇年間は、第二次世界大戦以降、もっとも多くの戦争がおこなわれた時期である。一九九一年にはイラクとの湾岸戦争、一九九九年にはユーゴ空爆、二〇〇一年にはアフガン戦争、二〇〇三年にはイラク戦争が起こっている。多くの論者が主張するところによれば、これらの戦争や紛争には、巨大資本家の力が大きくかかわっている。この二〇年間で、先進諸国や多国籍企業は経済力拡大のために、世界各国に市場開放を要求してきた。

もちろん、これらの要求は、ほとんどの国にとって相容れないものであり、先述のように、各国の伝統的農業を破壊し、貧困を増大させてきた。ときに、無理な市場開放が第三世界の経済を破綻させ、治安の悪化や情勢不安を招いたりもしてきた。しかし、第三世界の各地に生産拠点をおいている多国籍企業にとって、情勢不安は致命傷になりかねない。そこで、市場開放を手助けする最終手段として、あるいは、その目的におとなしく従わない勢力を抑圧する手段として、軍事力が必要とされてきたのである。とくに、G8諸国は経済の自由化を戦略的に進めるために、軍事力の増強をはかってきたといえる。

実際に、この二〇年間の戦争は、主に先進諸国の経済的利益にそぐわない国にしかけられてきた。たとえば、イラクは中東でも屈指の産油国であるが、二〇〇三年の戦争まで、フセイン政権は反米路線をとっており、先進諸国は石油を確保するのに、イラク・ロシア間の取引に左右されなくてはならなかった。これにたいして、戦争はイラク経済を先進諸国に開放させ、石油という貴重な資源を政治的にも経済的にもコントロールする途を開いた。アメリカの主張する開戦の理由が、大量破壊兵器の保持という誰も信じないような理由であったにもかかわらず、先進国の多くがアメリカを支持したのも、こうした思惑が大きい。アメリカの侵攻後、イラクの暫定政権はすぐに市場開放を約束したが、戦争の目的はまさに先進国の経済プロジェクトに、従属的な政権を打ち立てることにあったといえるだろう。

一九八〇年代、レーガン政権の時代から、アメリカは外交政策の重要課題として、「テロとの戦い」をかかげてきた。九一一事件以来、この「テロとの戦い」は多くの文献で見られるようになり、戦争を肯定するもっとも有力な名目となっている。一般的に、テロとは「政治的、宗教的、イデオロギー的な性質の目的を達成するために、暴力または暴力による脅迫を意図的にもちいること」と定義されている。この定義は、戦争というよりも「対ゲリラ戦」や「紛争解決」のような治安警察の規定に近いものがある。そして、敵と見なされるのは、たいていが市場の自由化に従わない勢力、あるいは国家である。今日の戦争は、グローバル化した経済体制の治安管理という側面が強いといえるだろう。この十数年の間に、G８諸国は「テロ対策」のための国際ネットワークを構築するための議論をかさねてきた。そして、G８サミットは、こうした議論を促進するためのきわめて有効な場としてもちいられてきた。そのため、サミットのたびに「反戦」「平和」「反軍事」をかかげる数多くのNGO、市民団体が、大規模な抗議活動を展開してきたが、このことは決して突飛なことではないのである。

人種主義、移民政策

一九八〇年以来、第三世界から先進諸国への人の移動が激増している。一方で、先進国政府は経済の自由化の名のもとに、人の自由な移動を促進してきた。だが、もう一方で、各国政府は厳しい出入国管理を実施し、他国から大量に人が流入することを妨げる動きをしてきた。一見すると、これらの移民政策は相矛盾しているように思われる。だが本当のところ、先進諸国はこうした政策を通じて、自国の利益のために第三世界の人びとを犠牲にしてきた、その責任を回避しようと努めてきたのである。

一九八〇年代から移民が増加した理由は、大きくいって三つある。一つは、サミットを頂点として進められてきた市場開放である。これによって、第三世界の伝統的農業は崩壊し、大量の人口が都市に移動することになった。低賃金労働に従事する人びとも多いが、その仕事すらなく、食うに困っている人びとも少なくない。こうした人びとが、仕事を求めて先進諸国へと移動してきたのである。もう一つは、戦争や迫害からくる難民である。近年のアフガニスタンのように、先進国の直接的な軍事介入から生じる難民もいるが、非民主的な独裁政権の迫害によって、国を去らなくてはならなかった人びとも数多くいる。そして、その国をよく見てみると、そのほとんどが西側先進国からの支援を受けて築き上げられてきた政権なのである。

こうした二つの理由に加えて、移民の増加には、先進国企業の多くが低賃金労働力をほしがってきたという理由もある。経済協力開発機構（ＯＥＣＤ）は、早くから「富裕国の経済において、高齢化する人口の傾向を変えるためにも、大量の移民が必要である」と述べていた。先進国の社会が高齢化するにつれて、現実的に移民の労働力が必要とされてきたのである。しかも、先進国の企業は、移住してきた人びとの多くを三Ｋ労働（きつい、きたない、きけん）にもちいてきた。これらの仕事は、たいていが臨時雇いであり、雇用保障がつかず低賃金である。

こうして見ると、人の移動の増加は先進国や多国籍企業の経済的利益と密接に結びついている。第三世界を貧困におとしいれてきた先進国には、移住してきた人びとを保護する責任があるとさえいえるだろう。だが、先進国の政府はその責任を決して認めようとはしない。むしろ、故意に「外国人嫌い」「外国人への恐怖」を煽り、注意をそらそうとしてきたといえる。人種主義言説は、政府や企業の責任を回避する最たる手段である。たとえば、国内の失業問題のような本来は政府や企業に責任があることでさえも、「仕事を奪う外国人」の恐怖を煽ることによって、責任が移民に転化されてきたのである。そして、政府の厳しい移民管理や締め付けは、まさにこうした人種主義言説を正当化し、助長する役割をはたしてきたのであった。二〇〇一年の9・11事件以来、アメリカは移民問題を「ならずもの国家」やイスラム原理主義、安全保障問題と結びつけ、移民管理のさらなる強化をはかってきた。「テロとの戦い」という名目が、移民や難民といった人の移動を妨げているのである。今後、こうした傾向は、世界中に貧困をばらまいてきた先進国の責任をいっそう見えにくくしていくことになるだろう。

抗議運動

「はじめに」において、ジェノヴァ・サミットに抗議するために集まった二五万の人びと、ドイツのハイリゲンダムに集まった一〇万の人びとのことを紹介した。これほどまで多くの人びとが集まったのは、世界の悲惨の原因がG8サミットにあるからであった。IMFや世界銀行の経済政策は、ほんの一握りの巨大企業と富裕層のみに利益をもたらし、他の多くの人びとを貧困におとしいれてきた。巨大企業の経済活動は貧困ばかりでなく、世界各地で環境問題を引き起こし、気候変動のような地球的課題を引き起こすにいたっている。そして、ＩＭＦ、世界銀行のような超国家的機関を支配し、その権力を不動のものとしてきたのが、Ｇ８サミットであった。Ｇ８サミットの目的は、「貧困問題」「環境問題」の解決にあるわけではない。むしろ、産業界の要求を超国家的な枠組のなかで合意することによって、各国で企業の経済活動に根本的な損害をあたえるような「貧困問題」「環境問題」の解決策がとられないように、相互監視することを目的としているといえる。ジェノヴァやハイリゲンダムに集まった人びとは、こうしたＧ８サミットの正当性に異議を唱えていたのであった。

【コラム　世界の暴動①】チアパスの民衆蜂起

一九九四年一月一日、メキシコ南東部チアパス州において、サパティスタ民族解放軍（ＥＺＬＮ）を名のる千数百名の先住民族たちが武装蜂起した。ちょうどこの日、先進国への仲間入りをめざしていたメキシコ政府は、念願のＮＡＦＴＡ（北米自由貿易協定）発足の日をむかえていた。サパティスタは、「新自由主義グローバル化」にとって記念すべきこの日に、次のような声明をかかげて決起した。

いまわれわれは宣言する。もうたくさんだ。
メヒコの人民へ、
メヒコの仲間たちへ。
（ラカンドン密林宣言　一九九三・一二）

一九五〇年代から、メキシコ政府は工業化の推進にやっきになってきたが、農業は切り捨てられ、先住民族もふくめた農民全体が貧困にあえいできた。チアパス州はその典型的な地域であり、メキシコ革命後も大土地所有制が残って、農民は自分の土地をもてずに、コーヒー大農園で低賃金労働に従事するほかなかった。そして、伝統農業であるトウモロコシを栽培し、自分たちの食を満たすと同時に輸出もしてきた。だが、ＮＡＦＴＡが発足し、アメリカとの自由貿易が成立すれば、アリゾナのトウモロコシが大量にメキシコに入ってくる。そうなれば、メキシコの小さなトウモロコシ農家は確実にやっていくことができなくなる。だから、サパティスタはこう述べた。「ＮＡＦＴＡは先住民族への死亡宣告だ」と。そして、大農家や多国籍企業の利益にしかならない自由貿易体制にたいして、「もうたくさんだ」と公然と反発したのであった。「自由貿易」の原則に反旗をひるがえしたサパティスタの蜂起は、いまでは「新自由主義グローバル化」への反対運動の起点として、広く世界に知られるようになっている。

チアパスの民衆蜂起は、瞬く間にメキシコ全国、さらには世界中から支持を集めることに成功し、いまではメキシコ政府も容易には手をだせなくなっている。メキシコの辺境地域の反乱にすぎなかったサパティスタの蜂起が、これほどまで大きな注目をあびたのには、大きくいって二つの理由があった。一つは、インターネットの活用である。サパティスタはインターネットを有効利用することで、情報を瞬時にして世界に発信することができた。この意味は非常に大きかった。それまで、メキシコ政府はジャーナリストの買収、脅迫、暗殺を通じて情報操作を行ってきたが、インターネットはこうした情報操作を無効にした。しかも、サパティスタはインターネットという新しいメディアにのせて、自分たちなりの新しい政治的言説を発信していった。先住民族の伝統文化や歴史的人物の思想を掘りおこし、それを現代の文脈におきかえてガンガン発信していく。しばしば、サパティスタ運動は「紙とインターネットの戦争である」と言われているが、彼らは政治的イメージの闘いで政府と対決しているのであった。

サパティスタの武装蜂起が成功したもう一つの理由は、語義矛盾に思われるかもしれないが「非暴力」の力にあった。スポークスマンであるマルコス副司令官は、「自分たちは権力がほしいという希望をもたない」、「兵士、それは、もはや誰一人として兵士とならなくてよい未来の日のための兵士なのです」と述べている。ロシア革命、中国革命、ヴェトナム革命。革命軍の武装蜂起で権力をとった国は、どこも軍事解体の展望をもてずに、「敵国の軍事侵略」を理由にして軍備を増強し、自らも他国の軍事侵略に乗りだしていった。これにたいして、サパティスタは本末転倒になった過去の武装蜂起を乗り越えようとしている。彼らは武力による権力奪取を目的としていない。武力はメキシコ政府と緊張関係を保つための手段以外ではありえず、必要最小限に抑えられている。彼らが重視するのは、軍備の増強により権力を奪取して、遠い将来に政治改革を実施することではなく、いまここで、自分たちが生活する居住区において、メキシコ政府とは異なる民主的空間を創出することである。先住民族の伝統文化を活かした政治、「合意」にもとづいた民主主義。サパティスタ解放区は、いまや民主主義の実験場となっている。先にも述べたように、サパティスタの戦争は、インターネットを介した政治的言説の発信というかたちをとっている。サパティスタは政府にたいして、民主主義の意味をかけてシンボリックな戦争をしかけているのである。

第二章　サミット体制の成立

世界秩序の転換

一九七三年を前後して、世界秩序はブレトンウッズ体制からサミット体制に移行した。もともと、サミットは一九七〇年代前半の世界的な経済危機に対応するために生まれた。一九七一年にはニクソンショックがあり、アメリカの経済危機を原因としてブレトンウッズ体制が崩壊する。一九七三年には、通貨危機のなかで、為替相場が**固定相場制**から**変動相場制**に移行し、その直後には石油ショックもあって、アメリカ以外の先進諸国も不景気に苦しむことになる。時を前後して、南北問題が大きくクローズアップされ、第三世界によって先進国中心の世界秩序に異議申立てがなされた。先進諸国は政治的にも経済的にも、大きな危機を迎えていたのである。こうした危機を克服し、世界秩序を先進国中心に再編強化するために開催されたのが、サミットであった。

本書では、サミットを中心として築き上げられた世界秩序をサミット体制と呼んでいる。次頁の表は、二つの世界秩序のポイントを大まかにまとめたものである。

この点を見ていくために、まず第二次世界大戦後のグローバル経済の流れから確認していこう。

サミット前史

一九四四年七月、連合国四四カ国がアメリカのニューハンプシャー州ブレトンウッズに集まり、第二次世界大戦後の国際通貨体制に関する会議が開かれた。このとき、国際通貨基金(ＩＭＦ)と国際復興開発銀行(ＩＢＲＤ)の協定が結ばれ、国際通貨制度の再構築がなされた。同時に、ＧＡＴＴ(関税と貿易に関する一般協定)が提案され、安

固定相場制
為替レートを一定の水準に固定する制度のこと。

変動相場制
為替レートを外国為替市場における外貨の需要と供給にゆだねて自由に決める制度のこと。

ブレトンウッズ体制 （1945-73年）	サミット体制 （1973年以降）
国民国家の主権	グローバルな主権 （サミット，IMF，世界銀行，WTO）
固定相場制	変動相場制
管理された自由貿易体制 ＝ 保護主義の許容（国内産業の育成、資本規制），ケインズ主義	むきだしの自由貿易体制 ＝ 貿易の自由化，多国籍企業の保護，金融の自由化，新自由主義
国際分業，南北問題	新国際分業，新植民地主義の再編強化

定的な為替相場にもとづいて、自由貿易体制を築くことが約束された。この体制のことをブレトンウッズ体制という。この際、ＩＭＦは金だけを国際通貨とする金本位制ではなく、ドルを基軸通貨とする制度を作り、ドルを金とならぶ国際通貨とした。一九三〇年から一九四〇年代、世界のおおかたの金はアメリカに集中しており、アメリカは圧倒的な経済力を誇っていた。アメリカの豊富な金をもとに発行されたドルは、金と同じだけの価値があったのである。ブレトンウッズ体制は、ドルと各国の通貨価値を連動させたことから、金・ドル本位制と言いかえられることがある。

ブレトンウッズ体制は、強いアメリカのドルを機軸にすえて、安定した自由貿易の世界体制を構築し、大戦で疲弊した世界経済を復活させるという趣旨をもって設立されたのである。だが同時に、各国政府には、個人や企業をむきだしのままの自由競争に委ねてしまうと、数多くの企業が倒産し、大量の失業を生みだして、社会が混乱におちいってしまうという危惧もあった。そのため、各国政府は自由貿易体制を前提としながらも、輸入にたいする関税障壁を設けたり、**ケインズ主義政策**をとったりすることで、国内産業の保護や景気回復、失業問題の解決に積極的な介入を行った。こうした「管理された自由貿易体制」のもとで、西側の先進諸国は一九五〇年代から七〇年代初頭にかけて、ゆっくりと経済成長をとげていったのであった。

しかし、一九七〇年代初頭になって、アメリカを中心とする先進諸国は深刻な危機に見舞われた。大きくいって、先進国は二つの危機に直面していたといえる。一つは、アメリカの軍事支出増大による財政危機である。この時期、アメリカは一〇年以上におよぶベトナム戦争によって、膨大な負債を抱え込んでいた。ドルが大量に海外流出したことにより、ドルの権威の失墜が誰の目にも明らかになっていた。一九七一年、アメリカのニクソン大統領は、突如として金とドルの交換停止を宣言し、第二次世界大戦後から続いてきたブレトンウッズ体制（金・ドル本位制）を崩壊させた。一九七三年には、為替レートの固定相場制が完全に放棄され、変動相場制に移行している。こうしたアメリカの動きは、ドルの通貨価値をいっきに下落させ、世界経済を混乱におとしいれたのであった。

もう一つの危機は、第一次石油ショックである。一九七三年、OPEC（石油輸出国機構）による原油価格の値上げは、エネルギーのほとんどを石油に依存していた先進諸国をいっきに経済危機におとしいれた。だが同時に、先進諸国にさらに大きな衝撃をあたえたのは、第三世界諸国が先進諸国に反旗をひるがえしたということであった。石油ショックは先進諸国の人びとに南北問題の深刻さを目に見える形で提示するとともに、先進国を中心として築き上げられてきた世界経済体制に見直しを迫るものであったのである。この問題には、第二次世界大戦以前の植民地支配に由来する、先進国と第三世界の深い対立がはらまれている。

新植民地主義

第二次世界大戦後、西欧列強が軍事力を駆使して直接的な領土支配をおこなう「植民

ケインズ主義政策
イギリスの経済学者、ジョン・メイナード・ケインズの理論にもとづいた経済政策。資本主義を前提としたうえで、景気回復、失業問題の解決をめざし、政府の積極的な財政支出をおこなう。

OPEC
一九六〇年に結ばれた石油輸出国の生産・価格カルテル。イラン、イラク、サウジアラビア、クウェート、ベネズエラによって設立され、その後、カタール、インドネシア、UAE、アルジェリア、ナイジェリア、エクアドルが加盟し、現在一一ヶ国からなる。

地支配」の時代は終焉をむかえた。一九五〇、六〇年代には、アジア・アフリカのほとんどの国が独立を実現することになる。しかし、独立してまもなく、旧植民地国は国際貿易を通じて旧宗主国の経済的支配に従属することになった。工業国（旧宗主国）と非工業国（旧植民地国）の交易条件の優劣は明らかであり、旧植民地国は貿易をおこなうほど貧しくなった。工業国は技術革新を通じて、より大量により低価格で、工業製品を生産していくことができるが、そうすればそうするほど、非工業国は同一の工業製品を輸入するのに、より多くの原材料と農産品を輸出しなくてはならなくなる。砂糖にたいする人工甘味料、天然ゴムにたいする合成ゴムなどの原材料の代替品が開発されたことも、資源の価格低下をまねく原因となり、非工業国の経済的劣勢をさらに加速することになった。第二次世界大戦後、旧植民地は独立国となったが、旧宗主国によって経済的にコントロールされる新植民地主義の時代に入ったのであった。

一九六〇年代半ばになると、新植民地主義は南北問題として疑問視されるようになった。第三世界諸国は、「北」の先進工業国と「南」の第三世界諸国の不平等をＵＮＣＴＡＤ（国連貿易開発会議）という国際交渉の場にひきずりだした。一九六七年からは、ＵＮＣＴＡＤ内にグループ77（Ｇ77）という途上国グループを結成し、先進諸国にさまざまな要求を突きつけている。一九七三年、第四次中東戦争をきっかけとして、ＯＰＥＣ諸国はイスラエルを支持する西側諸国への石油輸出を禁止し、原油価格が暴騰する石油ショックが起こったが、これも当時は「南」から「北」への抗議の一つとして受けとめられた。これにより、先進諸国はいっきに危機におちいったのであるが、そこには経済危機という側面ばかりでなく、第三世界諸国が先進諸国にたいして世界経済の再編成を迫る、そういう意味での危機もはらまれていたのであった。

サミットの誕生

こうした危機の舵取りをし、先進国を中心としながら、新しい世界経済の潮流を作ったのがサミットであった。あらかじめ結論だけ述べておくと、サミット参加国は、先進国の巨大企業がグローバルに展開しやすい環境を整え、第三世界の経済支配をさらに徹底させることで、危機を克服しようとした。サミットの母体となったのは、一九七三年、アメリカが金・ドルの交換停止を宣言したあとに開かれた蔵相会合である。会合では、主要先進国が変動相場制を採用することに合意がなされた。この時点で、サミットの目的が「資本の自由化」にあったことがはっきりと分かる。なぜなら、変動相場制への移行は、資本が全世界を自由に駆けめぐる時代が到来したことを告げる象徴だったからである。

従来、ブレトンウッズ体制のもとでは、金とドルがリンクしていたため、為替レートが固定されていた。これにたいして、変動相場制では、為替レートがグローバル市場で自動調整されるようになった。通貨価値が市場の不確実性に委ねられることになったのである。この為替変動の不確実性のなかに、投機の余地が生まれた。それは、外国為替取引が巨額の損益を生みだす一つの市場になったことを意味していた。もともと、通貨管理は租税の徴収とならんで、国家の主要な機能であったが、為替市場の成立によって、国の発行する貨幣が単なる商品として売買されるようになった。極端な言い方をすれば、国家そのものが投機の対象となり、相対的にみて国家による資本への規制が低下したのであった。

サミットが正式に立ち上げられたのは一九七五年。石油ショック後の経済危機を克服することが重要課題とされ、発足当初の「宣言」では、世界経済の「持続的成長」をはかるために、先進国全体で「国際通貨の安定」をはかり、先進諸国の「経済回復を確固たるものとする」ことが説かれていた。[*1] 一九七六年のプエルト・リコのサミットの「宣言」になると、サミットの意図がよく読みとれるので、少し長くなるが引用してみよう。

通商上の保護主義への誘惑に屈する国々は、ゆくゆくその競争上の地位が低下するという事態に直面することとなろう。即ちそれらの国々の経済の活力は悪影響を受け、同時に連鎖反応が生じ、世界の貿易量は縮小し、すべての国々に被害を及ぼすこととなろう。

また、貿易に重大な歪曲をもたらし、保護主義の復活を招来するような意図的な為替相場政策を回避することが重要である。

持続的拡大というわれわれの目標を追求するにあたって、資本の流れは、資源の効率的配分を促進し、かつこれによりわれわれの経済的福祉を増進させる。従ってわれわれは、国際投資の流れに対する自由な環境が重要であることに合意する。[*2]

＊1　http://www.mofa.go.jp/mofaj/gaiko/summit/rambouillet75/j01_a.html
＊2　http://www.mofa.go.jp/mofaj/gaiko/summit/puerto_rico76/j02_a.html

変動相場制が象徴していたように、サミットの目的は「資本の自由化」にあった。とはいっても、変動相場制で可能になった為替投機が加熱化するのは、情報技術の革新された一九八〇年代からの話である。だが、サミットの開催された一九七〇年代半ばから、多国籍企業の海外進出というかたちで、資本が世界を自由に駆けめぐるようになった。一九七〇年代、先進国はサミットを開催することによって、各国の保護主義を撤廃し、巨大企業が活動しやすい経済環境を整えようとしたのであった。もっとも、サミットが頻繁にもちいる「保護主義の撤廃」という語には、明らかに語義矛盾があったように思われる。サミットで主張される「保護主義の撤廃」とは、実のところ、先進国の巨大企業の利益を守る政策にほかならない。サミットは第三世界の市場を開放させることによって、先進国の利権を温存する保護主義を推進してきたのである。

多国籍企業の展開

一九六〇年代後半から、先進諸国の巨大企業は労働市場の硬直性に行き詰まりを覚え、資本のフレキシブルな動きをどのように保障するのかが課題となっていた。一九世紀以来、労働市場のフレキシビリティを担保してきたのは、農村からの追加労働力と産業予備群とよばれる失業者層であり、多くの企業が必要に応じて、低賃金で雇用できる労働力として、これらの労働者層を利用してきた。しかしながら、一九六〇年代後半になると、先進国のほとんどが農業人口一〇パーセントをきり、さらにケインズ主義政策のもとで、完全雇用に近い状態が達成されたこともあって、企業がフレキシブルに利用できる労働力がきわめて少なくなっていた。福祉国家体制のもとで、労働者の賃金・生活保障の充実がはかられたことも、低賃金労働力を枯渇させる原因となっていた。先進国のどの巨大企業にとっても、労働市場の硬直性は悩みの種だったのである。

そこで、先進国の巨大企業は資本の自由化に動きはじめた。多くの企業が、低賃金労働力を確保できる第三世界に生産拠点を移したいと考えだしたのである。一九六〇年代後半、まずアメリカが動きはじめた。当初、アメリカの企業は、ＥＣ（ヨーロッパ共同体）の高関税を回避する方法として、ヨーロッパへの生産拠点の移動を行ったといわれている。だが、しだいにもっとも安価な労働力を確保できる地域へと足を伸ばすようになり、第三世界諸国への移動を本格化させていった。少し遅れて、ヨーロッパと日本の企業も、製造業を中心として合併で巨大化し、海外進出をはかるようになった。はじめはアメリカへの投資量を増やし、その後、第三世界諸国への投資を高めていくことになる。

だが、従来のブレトンウッズ体制では、海外への生産拠点の移動はきわめて限定されたものでしかなかった。ブレトンウッズ体制の自由貿易では、先進国から第三世界諸国までのほとんどの国が、自国産業の保護育成を前提としており、海外からの企業進出には規制をかけるのがあたりまえだったからである。もちろん、それまでにも国際投資は行なわれていたが、いまと比べれば微々たる量であり、しかも海外企業が現地に拠点をおく直接投資はさほどでもなかった。こうしたなかで、サミットが開催されたことは、きわめて象徴的な意味をもっていた。サミットの目的は、国境を越えた資本の運動にたいする規制を縮小することをめざして、先進諸国が協調することにあったからである。

一九七〇年代、先進諸国では、まだケインズ主義がとられていたが、どこも低経済成長を克服することができず、経済の回復のためには、資本が様々な産業や地域、国家を自由に移動できるような環境を整えなくてはならないという認識が生まれていた。市場にたいする政府介入を縮小し、国際競争を促すことが、資本の効率性を改善し、商品の価格を低下させ、さらにはインフレ傾向の抑制にもつながると考えられたのである。先進諸国において、こうした改革が推進されるのは、サッチャリズムやレーガノミクスの波が吹き荒れる一九八〇年代からのことであるが、これに先だって、サミットという国際交渉の場において、資本の自由な動きの妨げになる障害（関税、厳しい税制、環境規制、労働規制、その他の局地的規制など）を除去することが検討されはじめたのである。

一九七九年の東京サミットになると、G7サミットの目的がはっきりと浮かび上がってくる。「宣言」を見てみよう。

われわれは、各国経済の長期的な生産効率及び柔軟性を向上させるため、一層力を尽すべきであることに合意する。必要とされる諸措置には、投資及び研究開発に対する一層の刺激、衰退産業から新たな産業へ資本及び労働が移動することを一層容易にする措置、投資及び生産性に対して不必要な障害を与えない規制政策、若干の公共部門の経常支出の伸びの削減、並びに貿易及び資本の国際的流れに対する障害の除去が含まれうる。

先進諸国はサミットという調整機構を通じて、資本にたいする国家の主権をグローバルな市場にゆだねていった。多国籍企業の活動が展開するなかで、世界秩序はサミット体制に移行していったのである。

第三世界の転換点

サミット体制は、徐々に第三世界諸国を組み込んでいくことになる。一九七〇年代初頭、南北問題が取りざたされていたこの時期に、第三世界諸国は多国籍企業の誘致を積極的に行いはじめた。経済的自立を求めていた第三世界諸国は、外資を導入し、輸出向けの工業を発展させることを試みはじめたのである。それまで、第三世界諸国では、輸出といえば主に農産品と原材料で、工業は主に輸入代替工業とよばれる国内市場向けのものであった。だが、一九七〇年代初頭になり、こうした構造を転換させ、国内で輸出向けの工業化を進展させないかぎり、今後の経済発展は見込めないという認識が広まった。そこで、各国政府は輸出加工区のような工業地帯を設けて、外資を積極的に受け入れようとしたのであった。

輸出加工区とは、港湾、道路、エネルギーなどのインフラの整備された工業団地のことである。そこでは、輸入原材料の関税免除のような税制優遇がなされたり、労働者の権利が制限され、低賃金労働力が提供されたりしている。もっとも有名な例は、メキシコ北部産業化計画、いわゆるマキラドーラ制度である。マキラドーラ制度には、日本をふくむ様々な国から工場が参加している。そこでは、たとえば日本の工場が自動車部品や電子部品を製造し、それをアメリカの日系工場などに出荷している。原材料はもっぱら海外から輸入されたものであり、生産された製品はほとんど輸出向けである。第三世界諸国は、あくまで低賃金労働力を提供するにすぎない。先進国企業の子会社は、マキラドーラ制度のような優遇措置を求めて、つぎつぎと第三世界諸国に進出し、一九七〇年代から八〇年代にかけて、直接投資を劇的に増加させていった。

当初、第三世界諸国は、外国企業を招き入れ、輸出志向型の工業化を進めることが、外貨の獲得と技術移転につながり、いずれは自国に経済成長をもたらすだろうと考えていたようである。だが、実際のところ、工業化で成功した国はわずかであり、「南」の国のなかの格差を生んだだけであった。一九七〇年代から八〇年代にかけて、ＮＩＥＳ（新興工業国）とよばれるシンガポール、タイ、韓国、台湾などのアジア諸国は、飛躍的な経済成長をとげた。もっとも、これらの国々は開発主義国家として知られた国々であり、あくまで国家の保護主義のもとで輸出加工区、経済特区を導入し、輸出志向型の工業化に成功したことには留意しておく必要があるかもしれない。こうした数少ない国々が経済成長をとげた一方で、他の多くのアジア、ラテンアメリカ、アフリカ諸国は、工業化の競争に勝ち残ることができず、より貧しくなっていった。今日、このことは南南問題として大きな問題となっている。

輸出加工区には、稼ぎをもとめる若年労働力が低賃金で大量に動員された。多くの第三世界諸国が、先進国の巨大企業の低賃金の下請部門となり、先進国にさらに従属することになったといえる。こうして多国籍企業の世界戦略に組み込まれた国家は、文字どおり企業の圧力によって政策を揺るがされかねない状態になっていった。たとえば、一九七〇年代後半までに、ブラジルでは外資系の企業が製造業の売上げの半分を占めるようになっており、メキシコでは、製造業の約三〇パーセントが外資系企業の売上げとなっていた。こうしたなかで、ブラジルの軍部官僚は、安全保障の観点から、国内の戦略的情報部門の保護育成に努めようとしたことがあった。これにたいして、ＩＢＭやその他のアメリカ系企業は反発し、ブラジル政府に猛烈な抗議を行なった。また、メキシコでは製薬産業にかぎって、**ジェネリック薬品**の推進や、原材料の国内産業による活用、価格規制、国内企業への無差別的優遇措置、外国企業の投資企業を盛り込んだ「製薬産業育成計画」を発表したことがあった。これにたいして、アメリカの製薬会社は法的措置をとって圧力をかけ、また投資の引きあげを行なうとして脅しをかけた。海外企業の圧力が、一国の産業政策を左右する。サミット体制のもとで推進された海外直接投資は、新植民地主義とよばれた第三世界の経済的従属をさらに進行させたのである。

ジェネリック薬品
企業が開発した医薬品は、約二〇年後に特許の期限が切れるので、それをまねて発売でき、製造費だけですむので安価になる。こうした後発品の医薬品のことをジェネリック薬品という。

一九七〇年代、南からの挑戦

だが、「南」も黙ったまま「北」の支配下におかれたわけではない。先述したように、一九七〇年代、「南」の国々はUNCTADを通じて、「北」側に様々な要求をたたきつけた。とくに、先進国に有利に設定されている国際貿易のルールを変更することに力をいれていたといえる。第一に、「南」の国々は、最低価格交渉を通じて、商品価格の安定化をはかることを要求していた。それは一九七六年、UNCTAD第四回大会の「一次品総合計画(IPC)」で実現されることになる。このIPCでは、一八の特定産品について交渉をおこなう場合には、過度の価格変動を回避することが約束された。あるていど、生産国(南側)に有利な価格を設定し、消費国(北側)との対等な価格水準を設定することがはかられたのである。また、このUNCTAD第四大会では、一次品の価格が、設定された目標よりも極端に低くなったり、高くなったりした場合には、価格を調整するための共通基金を設けることにも合意がなされた。

第二に、UNCTADは「南」にたいする特恵関税の設定をもとめた。要するに、第三世界が工業製品を先進国に輸出するときには、特別に低い関税率にするべきだと要求したのである。この要求もあるていどは実現をみることとなり、一九八〇年代初頭までに、二六の先進国が一六の異なる「一般特恵システム」計画に関わるようになっていた。これに加えて、UNCTADは工業化のメカニズムとして、「南」の保護貿易政策が正当であると主張し、それを前提としたうえで、「南」への技術移転の加速を要求した。もちろん、結果的にみると、技術移転の加速は「南」を多国籍企業の世界戦略に組み入れることになったのだが、この時期のUNCTADの要求が、先進国側から一定の譲歩を引き出していたのは確かである。

北の反動

これにたいして、先進国側は世界銀行の資金援助を通じて、第三世界の政府・官僚を取り込もうとしていた。一九六八年から七八年の間に、世界銀行からの貸付金額は二七億ドルから八七億ドルに、一九八一年には一二〇億ドルに増加している。世界銀行は、資金援助の目的として「貧困をなくすための地球規模のプロジェクト」をかかげていた。それは、第三世界の工業化を推進し、「貧困者の生産性」をアップすることを目標とした資金援助であった。さらに、世界銀行は意のままになりそうな特定の国だけを「重点諸国」として選定し、高額の資金援助を行なった。世界銀行はこうした選別を通じて、「南」の国々の分裂をはかったのである。

しかしながら、この時期の世界銀行の政策は成功したとは言い難い。一九七〇年代半ば、第三世界諸国はＯＰＥＣの勃興によって、世界銀行からの資金援助をあまり必要としなくなっていた。ＯＰＥＣ諸国はあり余ったオイル・マネーを商業銀行に預けていたが、第三世界諸国はそこから多額の融資を受けることができたのである。したがって、必ずしも「南」の国々は資金援助のために「北」の国々へ忠誠を誓う必要はなかった。先ほど、多国籍企業に投資の引きあげを脅されたブラジル、メキシコの例を紹介したが、これらの国々にしても、大きな力で脅されてはいたが、先進国企業の投資に規制をかけたというかぎりでは、先進国側に反乱を起こせたと言い換えることもできるだろう。先進国の見地に立つならば、一九七〇年代は第三世界諸国に多国籍企業が進出し、かなりの程度、各国の経済に影響力をもつようになっていたが、完全には「南」の国々を支配するにはいたっていなかったといえる。

こうした情勢を大きく変化させるきっかけとなったのが、一九七九年の第二次石油ショックであった。本当のところ、石油ショックの原因は、欧米の石油会社が巨額の利益を得るために石油価格をつり上げ、その負担を消費者に転化したことにあった。だが、先進国に住む多くの人びとにとって、その原因は「南のシンボル」であるＯＰＥＣにあると見なされた。とくに、アメリカの保守的な支配層には脅威をもって受けとめられ、ＯＰＥＣは「西側先進国を屈服させるために基幹資源を独占しようとするのに熱心な、無責任なギャング」とさえいわれたほどであった。ＯＰＥＣ諸国は、サウジアラビアやクエート、ベネズエラなどのアメリカの同盟国であったが、「石油という武器」の存在が冷戦時代のソ連よりも当時のアメリカ支配層を震撼させたのであった。この時期から、アメリカをはじめとする先進諸国は露骨な方策をもちいてでも、「南」の国々を抑えつけなくてはならないという認識をもつようになった。

一九八〇年代から、世界銀行とＩＭＦは悪名高い構造調整（ＳＡＰ）プログラムをもちいはじめた。このプログラムは、一九八〇年代にＧ７を中心とする先進諸国の合意のもとに実施され、「南」の国々を再従属させていくことになる。その後、第三世界諸国は「自由貿易」の名のもとに、多国籍企業の経済活動をむきだしのまま受けいれざるをえなくなっていく。一九七三年、先進国側はサミット体制を形成し、第三世界の挑戦を抑えつける戦略を練りはじめたが、こうした意図は一九八〇年代になって、完全な実現をみることになったといえる。この一九八〇年代の動向については、章をあらためて詳しくみていくことにしよう。

最後に、もうひとつ確認しておきたいのは、サミット体制が新植民地主義と深いつながりをもっているという点である。新植民地主義とは、独立国となりながらも、国際貿易を通じて、旧植民地が旧宗主国に従属させられる状態のことである。一九七〇年代前半、第三世界は国連などの国際機関を媒介として、南北問題の解決をはかれと先進国を突きあげ、ある程度の成果をあげた。だが、これに危機感をおぼえた先進国は、サミットという先進国だけの超国家的会合を作りあげた。国連にも拘束されることのない文字どおりの山頂（サミット）。ここで議論された世界経済の方針は、多国籍企業の経済活動を保護し、第三世界のさらなる経済支配を促進した。サミット体制とは、新植民地主義を基調とした世界秩序のことである、そういってもいいすぎではないだろう。

【コラム　世界の暴動②】中国　反日デモ

二〇〇五年四月、中国各地で大規模な「反日デモ」がおこった。四月二日、成都でおこった数十人のデモを皮切りに、三日には深圳で数千人、九日になると北京で一万人、一〇日には広州で二万人、一六日には上海で一〇万人、杭州で三〇〇〇人、天津で数千人、一七日には瀋陽で二〇〇〇人、深圳で一万人、珠海で一〇〇〇人、香港で五〇〇〇人、東莞で二〇〇〇人、廈門で六〇〇〇人のデモが生じている。報道によれば、とりわけ大きなデモとなった上海の無届けデモは、もともと人数はすくなめで、和やかな雰囲気のもとはじめられた。インターネットで呼びかけられたこのデモは、出発時は一〇〇〇人ほどであったのもかかわらず、行進中に一〇万人にまでふくれあがった。当初、デモ隊は携帯電話で指示を受けた少数の人びとが、日本総領事館にトマトや卵を投げこんでいたにすぎなかったが、熱気が高まる中、大勢の学生がデモに参加するようになり、しだいに投石まで行なわれた。デモ集結後には、日系レストランを襲撃し、建物を破壊する人びともあらわれている。

このどこからともなく生じた、得体のしれないデモにたいして、日本では様々な憶測がとんだ。たとえば、中国政府が影であやつっている、政府批判や民主化要求のガス抜きに反日愛国を利用した、等々である。本当のところ、「反日デモ」の直接のきっかけとなったのは、歴史認識の問題であった。ことの発端は二〇〇五年三月。国連のアナン事務総長が安保理常任理事国の拡大枠の候補に、日本をあげたことにはじまる。常任理事国入りするということは、極東軍事戦犯法廷を差配した第二次大戦の戦勝国に仲間入りすることを意味していた。だから、日本の首相が靖国神社を参拝し、A級戦犯を哀悼するなかで、常任理事国入りすることはアジア諸国にとって矛盾以外のなにものでもなかった。当然、かつて日本の植民地支配にさらされていたアジアの人びとは反感をもつ。しかし、日本との自由貿易を損ねたくなかった中国政府は、この件について沈黙をまもった。そのため、たえかねた中国の市民団体は、インターネットで抗議行動を呼びかけ、「反日デモ」を展開したのであった。

だが、二〇〇五年の「反日デモ」は、たんなる「反日」につきる行動ではなかった。「反日デモ」の背景には、あきらかに「新自由主義グローバル化」への反発があった。こんにち、中国はグローバル経済に適応するために、多国籍企業の誘致に努めている。日本企業はその筆頭であり、製造業から農業にいたるまで大量の資本が中国に進出している。工場で働く人びとの大多数は低賃金であり、中国全土が日本の下請け工場となりはじめている。第四章でふれたように、日本企業に出荷するために生産競争にさらされ、没落する農家さえあらわれているし、化学肥料の使いすぎで土壌汚染が進んでいることも否めない。貧富の格差の拡大、農村破壊、環境破壊。グローバル化のもとで、中国経済が大きく揺り動かされている。「反日デモ」は、こうしたグローバル経済に反発したものであって、もっともわかりやすい日本企業に象徴的な抗議行動をしかけたのであった。抗議スタイル一つを例にとっても、それが新自由主義グローバル化への抗議行動だったことがわかる。インターネットで呼びかけられ、政府も制御できないような有象無象の人びとが集まってくる。人体は決して傷つけないという「非暴力」の原則をもったうえで、目標を定めて多国籍企業の器物破壊へとむかう。「反日デモ」は、「新自由主義グローバル化」に怒りを爆発させた世界の民衆に共通する抗議行動であった。

第三章

第三世界の新自由主義

本書では、一九七〇年代からサミット主導で進めてきた多国籍企業の利益を優先する経済のグローバル化のことをサミット体制と呼んできた。この体制は、一九八〇年代以降、ＩＭＦ、世界銀行などの超国家的機関の力を借りながら、新自由主義という形をとって急速に進展することになる。第一章で述べたように、新自由主義には五つの柱がある。

1　輸入農産物の自由化
2　公共部門の民営化
3　労働の柔軟化
4　規制緩和
5　警察国家化

一九七〇年代、第三世界諸国は輸出加工区などを設け、一部の区画でこれらの政策を実施していたが、まだ国全体で新自由主義を受けいれるにはいたっていなかった。国全体としては、関税や資本規制を通じて、国内産業の保護をおこなうことを前提としていたのである。一九七〇年代から新自由主義を受容していたのは、完全にアメリカの支配下におかれていた一部の国々だけであった。

新自由主義の先駆け　チリ

新自由主義がもっとも早く導入されたのは、一九七三年から一六年間にわたる軍政期のチリである。一九七三年九月一一日、民主的な選挙によって選任されたアジェンデ政権が、ピノチェト将軍の軍事クーデターによって転覆された。この軍事クーデターには、アメリカのＣＩＡや大企業、ビジネス・エリート、キッシンジャー国務長官が関与していたことが知られている。当時、社会主義路線をとっていたアジェンデ政権にたいして、アメリカ政府とビジネス界は危機感を覚え、ピノチェトによるクーデターを支援したのである。

政権に就いたピノチェトは、アジェンデ政権の時代から課題になっていた経済再建にのりだした。その手始めとして、ピノチェトが行ったのが、当時、シカゴ・ボーイズという名で知られていた**シカゴ学派**の学者、専門家をアメリカから招きいれることであった。その後、シカゴ学派の影響を受けたチリの経済閣僚、専門家は経済改革を推進し、価格の自由化、関税の引き下げ、財政支出の削減、公共部門の民営化、外資規制の緩和、金融・資本取引の自由化、労働の柔軟化などの新自由主義の政策を実施していった。チリは軍事政権のもとで、シカゴ学派の理論を教科書どおりに実行したのである。

だが、新自由主義のもとで、チリでは驚くほど貧富の格差が拡がることになった。軍政期の実質賃金は、一九七〇年から二〇年近くたった時点で、およそ一三パーセント低くなっている。人口に占める貧困層の比率も、ピノチェトの繁栄期といわれる一九八七年には、四五パーセントという異例の数字を示している。首都サンチャゴの家計調査から算出された**ジニ係数**をみても、アジェンデ期の三年間（一九七〇—七三年）には平均〇・四六七であったのが、軍政期には平均〇・五五という高い水準に跳ね上がっている。

所得最下層二〇パーセントと所得最上層二〇パーセントの合計差を比較しても、アジェンデ期には一二倍であったのが、軍政期の末期には約二〇倍になっている。新自由主義の繁栄を享受することができたのは、ほんのわずかな高所得者層だけであり、ほとんどの人びとがそこから取り残されたのである。

所得格差が拡大した理由としては、新自由主義政策のもとで、ピノチェト政権が企業の優遇政策をとったことがあげられる。とくに労働法制の規制緩和は著しく、徹底的に労働市場が自由化された。たとえば一九七三年のクーデターから七九年まで、チリには労資関係を規制する法律は存在しなかった。一九七九年からは労働法制が制度化され、労働組合が合法化されたものの、ストライキが六〇日以上続けば、スト参加者が自動的に解雇されることが明記され、また理由を明示しない一方的な解雇も可能とされており、

シカゴ学派
一九六〇年代に、シカゴ大学経済学部を中心として形成された経済学派のこと。新自由主義理論の発信源となった。この学派を代表するのが、ミルトン・フリードマンであり、一九七〇年代、八〇年代に新自由主義を実践しようとする多くの国々の政治家に影響をあたえた。

ジニ係数
主として、所得分配の不平等をはかる指標。

その内容は誰がどうみても経営側に有利なものであった。チリの失業率の高さや実質賃金の低下には、明らかに労働法制の規制緩和が影響している。

もちろん、これほどまでに不平等な経済政策が、なにごともなく進められたわけがない。チリの新自由主義政策は、他国にはみられないような人権抑圧のもとで実施された。軍政期の一六年間を通じて、死者・行方不明者の数は三一九六名にも達している。憲法は停止され、議会は解散、政党活動は禁止、労働運動は厳しく弾圧され、国家情報局とよばれる秘密警察が、反対勢力を厳しく取り締まった。クーデターによる人命損失や、その後の人権抑圧までを新自由主義改革に含めるならば、チリの市場の自由化には、前例がないほどの強権がふるわれたといえるだろう。

以上、新自由主義の起源であるチリの例をみてきた。チリの例には、経済政策の内容もさることながら、その成り立ちから新自由主義の非民主的な性格がはっきりとあらわれていた。チリの新自由主義は強大な軍事力のもとで遂行されたが、それは決して特殊な例ではなく、新自由主義一般にあてはまる話であった。そもそも、新自由主義とは巨大企業の利益を守るために、国家が絶大な権力をふるう保護主義のことである。一部の人びとの利益のためには、権力の発動によって他の大多数の人びとを黙らせることも辞さない。ピノチェト軍政期のチリには、こうした新自由主義の非民主性がもっともよくあらわれていたといえるだろう。

第三世界の債務

だが、先述したように、一九七〇年代の段階では、まだ第三世界のほとんどの国は新自由主義政策を受けいれていなかった。新自由主義を受容するのは、ラテンアメリカを中心とする一九八〇年代前半の債務危機の後からである。先進諸国は第三世界に貸し出した多額の借金を利用して、「市場の自由化」「貿易の自由化」を強制していくことになる。第三世界の債務がふくらんだのは一九七〇年代。第三世界のかかえる対外債務の額は、一九六八年から八〇年までの一二年間で、五〇〇億ドルから六〇〇〇億ドルへと一二倍にまでふくらんでいる。対外債務といっても、その内容には、民間銀行などからの借款である民間債務と、国家や国際機関からの借款である公的債務の二種類がある。債務がふくれあがった理由をはっきりさせるために、この二種類を分けて検討しよう。

民間債務は、ヨーロッパの民間銀行からの貸し付けが大きい。第二次世界大戦後、アメリカはマーシャル・プランを採用し、ヨーロッパの経済復興のために巨額のドルを投入し、大量のドルが世界中を駆けめぐることになった。一九七〇年代初頭になると、ベトナム戦争による赤字国債の大量発行も重なって、さらに大量のドルが世界に流通するとともに、ドルの価値の下落が明らかになり、ニクソン大統領は金・ドル兌換制を停止した。しかし同時に、過剰なドルが国内に戻り、インフレを引きおこすことを恐れたアメリカは、自国企業がヨーロッパなどの海外に投資することを奨励した。こうして、ユーロダラーとよばれる資金がヨーロッパの銀行にあふれることになる。ドルにあふれたヨーロッパの銀行は、当時、開発資金を欲しがっていた第三世界に多額の資金を貸し付けた。この債務が第三世界の民間債務の大きな部分を占めることになったのである。

公的債務として大きいのは、先進各国やＩＭＦ、世界銀行などの超国家的機関からの貸し付けである。一九七三年以降、先進各国は不況のために、国内で工業製品の売れ行きに悩んでいた。そこで先進各国は、第三世界への輸出増加を本格的に考えはじめ、第三世界の購買力を付けるための援助と称して、低金利で資金の貸し付けを行なった。こうして膨らんだ債務のことを公的債務のうち、二国間債務という。また、第二章でも述べたが、一九六八年に世界銀行の総裁に就いたロバート・マクナマラは、第三世界の輸出の近代化をはかり、世界市場との緊密な関係を築くためとして多額の資金貸し出しを行った。一九六八年から七三年までの六年間に、世界銀行から貸し出された合計金額は、一九四五年から六八年までに貸し出された合計金額をはるかにしのいでいる。こうして膨らんだ債務のことを、公的債務のなかでも多国間債務という。

債務危機（ボルカー・ショック）

とはいえ、一九七〇年代には第三世界の債務は持続可能な範囲であった。金利が低く抑えられていたため、第三世界はまだ債務を返済することができたのである。状況が劇的に変化するのは、一九八〇年、八一年である。この時期のアメリカの動きによって、第三世界は債務危機に陥ることになる。一九七五年のベトナム、一九七九年のニカラグアにおける軍事介入の屈辱的な失敗の後、アメリカの政府高官は失墜した自らの威信を回復するために、財政危機から抜けだし、インフレを抑えることを本気で考えはじめた。

こうした中、一九七九年にアメリカ連邦準備制度理事会議長のポール・ボルカーは、突如としてアメリカの大幅な金利引き上げを決定した。先進国の投資家にとって、これは非常においしい話であった。アメリカへの投資が突然、高利益をもたらすようになったのである。実際、ボルカーの意図もインフレを抑え、投資を呼び込んでアメリカ経済を再生させることにあった。彼の意図は成功し、アメリカには世界中の投資家が殺到することになった。

しかしながら、ボルカーの決定は、第三世界に債務危機を引きおこし、致命的なダメージをあたえることになった。金利の引き上げがアメリカばかりでなく、その影響下にある世界全体に波及したからである。一九七〇年代、第三世界に貸し出されたとき、銀行融資の金利は低いものであった。というよりも、それを理由に先進諸国が積極的な融資をおこなっていた。だが、ボルカーの金利引き上げによって、北米やイギリスの金利にリンクするこれら融資の金利も急激に高騰することになった。一九七〇年代に約四―五パーセントだった金利は、一九八〇年代になると一六―一八パーセントにまで急騰している。第三世界の債務額は、一晩にして三倍かそれ以上にふくれあがったのである。先に、一九六八年から八〇年までの間に、第三世界の債務額が一二倍になったと述べたが、一九八〇年代以降、第三世界諸国は利子によって、急激に債務をふくらませていくことになる。一九八〇年に六千億ドルだった債務は、一九九〇年には二兆一五〇〇億ドル、二〇〇一年には二兆四五〇〇億ドルにまで増えつづけている。第三世界の債務は、もはや返済不可能なほどまでふくらんでいるといっても過言ではないだろう。

一九八二年夏、まずメキシコが「もはや債務は返済できない」と発表し、アルゼンチン、ブラジルなどの他のラテンアメリカ諸国もメキシコに続いた。これが債務危機である。債務危機は世界中に大きな衝撃をあたえた。世界の金融システムが揺らぎはじめていたのである。とくに、債権者である北の銀行の受けた衝撃はきわめて大きかったといえる。たとえば、一九八二年にブラジル、アルゼンチン、ベネズエラ、チリが借りていた金額は、モルガン・ギャランティ銀行の自己資本の一四一パーセント、チェースマンハッタン銀行の一五四パーセント、バンク・オブ・アメリカの一五八パーセント、ケミカル・バンクの一七〇パーセント、シティバンクの一七五パーセント、マニュファクチャラィズ・ハノーバーの二六三パーセントに当たった。これらの債権が回収できないことは、北の銀行にとって破綻を意味していた。

当然ながら、債務危機の真の責任は、突然の金利引き上げを行なったアメリカや、無理な貸し出しを行った先進諸国と巨大銀行にある。したがって、本来であれば、債務危機に陥った国の倒産を認め、その国の債務を帳消しにするのがスジだといえるかもしれない。だが、それは先進国の債権者にとって破綻を意味する。そこで、債権者たちは自らの責任を回避するために、ＩＭＦの救済融資制度という仕組みを活用することに決めた。ＩＭＦは危機にある国々が、持続的に債務の返済を行えるように、さらなる貸し付けをおこなうという方針をとった。もちろん、建前上、債務危機におちいった国々の救済をかかげているが、実際のところ、この融資の目的は、先進国の巨大銀行や民間債権者を破綻から救済することにあった。しかも、ＩＭＦの介入には、先進国の利益を優先する構造調整政策（ＳＡＰｓ）がともなっていた。この構造調整こそが、一九八〇年代を通じて、第三世界に新自由主義を全面的に受けいれさせたのである。

サミット体制の強化（ＩＭＦ、世界銀行、サミット）

構造調整の内容を検討する前に、ＩＭＦ、世界銀行とはどんな機関なのかを確認しておこう。ＩＭＦとは国際金融システムの安定のために、一九四四年にアメリカのブレトンウッズで設立され、現在、一八四ヶ国が加盟する国際金融機関である。各国は代表として総務一名を任命しており、通常は財務大臣か中央銀行の総裁がその任にあたる。総務会は毎年秋に開かれるＩＭＦの最高意志決定機関であり、この会合で新しい国の加盟や予算配分などの重要事項についての討議がなされている。ＩＭＦの特徴は他の民主的な機関と異なり、企業と同じ運営方法が認められてきた点である。ＩＭＦの財源は加盟国の拠出金から成りたっている。拠出金の額は、その国の経済的・地政学的重要性によって決定され、各国はＩＭＦの資本に資金提供をおこなう一株主となる。そして、これらの拠出金が構造調整政策（ＳＡＰｓ）に同意することを条件に、赤字に陥った国へ貸し付けられることになる。

ＩＭＦの運営は明らかに先進国に有利に設定されている。なぜなら、ＩＭＦでは拠出金の分担が多い国ほど、内部で影響力をもつことができるからである。各国の投票数は分担金の額にもとづいて与えられる。ＩＭＦは、国連のような一国一票ではなく、一ドル一票をとっているのである。このような制度のもとでは、資金力に勝る先進国が投票の大多数を占めていることはいうまでもない。Ｇ８サミットに参加する国々だけでも、

IMFの投票数は四七パーセントを握っているほどである。

IMFの姉妹機関に世界銀行がある。この機関は、IMFと同じく一九四四年にブレトンウッズで設立され、現在では加盟国一八四ヶ国を誇っている。「世界銀行」というとき、広くとれば五つの金融機関がふくまれるのだが、普通は国際復興開発銀行（IBRD）と国際開発協会（IDA）のことを指している。IBRDは第二次世界大戦後、ヨーロッパの復興支援をするために設立されたものだが、時が経つにつれて役割が変化し、現在では第三世界の開発を公的に財政支援する機関となっている。IDAは一九六〇年に設立され、最貧国への貸し付けを主な業務としている。IMFと同じように、IBRDの加盟国は代表として、総務一名を任命している。総務会は年に一回秋に開催され、世界銀行の政策が決定されている。

投票権の配分もIMFと同じように、一ドル一票の原則にもとづいている。この配分の方法はIMFと同じ効果をもたらしており、世界銀行は先進国が投票権の圧倒的なシェアを占めている。G8諸国だけで、世界銀行の投票権の四八パーセントを占めるほどである。ただし、貸し出しのための資金調達方法はIMFと異なる。IMFが出資国からの分担金を貸し出すのにたいし、世界銀行はその資金を金融市場から調達している。

世界銀行の場合、バックには豊かな先進諸国があるため、信頼には事欠かない。そのため、非常によいレートで資金を集めることができ、その金を返済期間一五年から二〇年で融資している。世界銀行は、こうした金融市場における有利な立場のおかげで、年に約一五億ドルの収益をあげている。そして、第三世界の債務が膨らむにつれて、世界銀行はＩＭＦと結託し、構造調整政策（ＳＡＰｓ）に従うよう指示をだすようになっていった。

両機関の投票権の約半数を握り、構造調整に信任をあたえたのが、サミットであった。一九八二年、第三世界で債務問題が深刻化しはじめたヴェルサイユ・サミットでは、「我々は、通貨機関としてのＩＭＦ（国際通貨基金）の役割を大いに重視し、ＩＭＦが安定を培うためにおこなっている努力に対し全面的支持を与える」[*3]と宣言している。さらに翌年、ウィリアムズバーグ・サミットになると、債務問題に言及してＩＭＦと世界銀行の政策を支持している。

＊3　http://www.mofa.go.jp/mofaj/gaiko/summit/versailles82/j08_b.html

我々は、国際金融情勢、なかんずく多くの開発途上国の債務の重荷につき、憂慮の念を有している。我々は、債務国側における効果的な調整及び開発政策、十分な民間及び公的融資、より開放された市場、並びに世界的経済回復に基づく戦略に合意する。我々は、IMF（国際通貨基金）GAB（一般借入れ取極め）の資金の拡充についての早期承認が得られるよう努力する。我々は、諸国間及び特にIMF（国際通貨基金）、IBRD（国際復興開発銀行）、GATT等の国際機関の間のより緊密な協力及び時宜を得た情報交換を慫慂する。[*4]

このサミットでは、本来、先進国の責任であるはずの債務問題について、「憂慮の念を有している」とコメントし、自らの責任を回避している。そして、IMF、世界銀行が提示する構造調整政策（SAPs）に「早期承認が得られるように努力する」として、お墨付きをあたえたのであった。一九七〇年代以来、先進諸国はサミットを中心として第三世界に市場開放を要求し、多国籍企業が経済活動を行いやすい環境を整えてきた。本書では、これをサミット体制と呼んできたが、この体制は一九八〇年代以降、構造調整という形をとって、第三世界諸国に強制されていくことになる。

構造調整政策（ショック療法）

それでは、構造調整政策（ＳＡＰｓ）とは何だろうか。一九八〇年代初頭、債務危機への対応を一任されたＩＭＦと世界銀行は、厳格な財政規律を守らせることと引き換えに、債務国にたいして融資をおこなうという方針をとった。この財政規律こそが、悪名高い構造調整政策（ＳＡＰｓ）である。一言でいえば、構造調整とは第三世界の国々に強制された新自由主義プログラムのことである。もちろん名目上は、構造調整の目的は困難な状況におかれている国々が財政的に立ち直るのを支援することとされている。そして、そのために市場開放をはかり、海外からの資本投資を引き付けると同時に「貿易の自由化」を推進して、より多くの製品を輸出できる経済体制を構築することが目標として設定されていたのであった。だが、第二章で見たように、このような経済政策は第

＊4　http://www.mofa.go.jp/mofaj/gaiko/summit/williamsburg83/j09_a.html

三世界をグローバル市場に統合し、多国籍企業の利益に奉仕させる役割を果たしただけであった。

大きくいって、構造調整は二つの政策から成りたっている。短期政策(ショック療法)と長期政策(構造改革)である。まず、短期的なスパンに立ったショック療法から見ていこう。IMFと世界銀行は、短期的に財政赤字を削減し、市場を活性化させる方法として、以下の五つの政策を提示している。

1　教育、医療の有料化
2　生活必需品への補助金の打ち切り
3　公共支出の削減
4　現地通貨の切り下げ
5　金利の引き上げ

第一に、IMFと世界銀行の監視下におかれた国家は、あらゆる事業でコストを回収しなくてはならないとされた。それは、医療、教育などの営利事業ではない分野にもあてはめられた。第三世界では、多くの村々が診療所の医師の給料を自前でまかなわなくてはならなくなったし、妊婦は出産前検診を無料で受けることができなくなった。その後、出産時の死亡率が上昇したが、それは医療の有料化と無関係な話ではない。また、教育の有料化も進められ、大学の授業料が急速に上昇することになった。このため、高等教育には一部の特権階級の青年だけしかアクセスできなくなってしまった。

第二に、もともと第三世界の諸政府は、最貧層であってもパン、ミルク、米、砂糖、燃料などの生活必需品が入手できるように介入し、補助金の投入によって価格を抑えていたが、ＩＭＦと世界銀行によって補助金を打ち切るように要求された。これによって、食料品や調理のための燃料の価格が跳ね上がり、最貧層の生活を直撃することになった。また、これら最貧層は食事をとるのが困難になったばかりでなく、安全のために水を沸かすことさえ困難になった。それは、コレラや赤痢の流行の原因の一つと見なされている。

第三に、赤字解消のためと称して、非生産的とされる公共支出が大幅に削減された。教育、保健医療の有料化については先にふれたが、住宅やその他の社会インフラに関わる社会支出が打ち切られ、有料化されることになった。また、赤字の温床とされる公務員の給料が据えられ、大規模なリストラが実施された。こうした公共部門の予算削減は、その国の人びとの生活に直接影響をおよぼし、第三世界の人間開発指数を大きく低下させることになった。

第四に、ＩＭＦと世界銀行は、通貨切り下げを要求した。通貨を切り下げれば、その国の輸出品が安くなり、グローバル市場での競争力が高まるとされたのであった。だが実際のところ、通貨の切り下げは、決してその国に利益をもたらさず、むしろ、貧しい人びとの購買力を低下させただけであった。たとえば一九九四年に、ＩＭＦとフランスは、**ＣＦＡフラン**圏のアフリカ政府に現地通貨を五〇パーセント切り下げさせた。だが、それはフランスから一〇〇ＣＦＡフランで輸入していた商品が、一夜にして二〇〇ＣＦＡフランになったことを意味する。同じ一〇〇仏フランを稼ぐためには、従来の二倍の商品を売らなくてはならない。しかも、どの企業も労働者の給料はすえおきにしたため、一晩で国内の購買力が半減してしまった。結果、貧しい人びとは必需品の購入にさえ困るようになったのである。

第五に、構造調整に従う国は金利の引き上げを行い、海外からの投資を惹き付けることが求められた。だが、これらの国々は危機的な状況にあるため、たいていは海外からの資本はやって来ないか、来ても短期的な投機ばかりであった。短期的な投機は、実体経済になんら利益をもたらさないばかりか、バブルのように、不動産市場に向い、地価や家賃の高騰を招くことさえあった。加えて、金利の引き上げは、国内生産者の生活を直接破壊する作用をおよぼした。たとえば、小農民はもともと種や農薬、除草剤を購入するのに、地元の市場で資金を借りてきたが、これも金利の引き上げによって制限されるようになってしまった。また、借金を抱えていた現地企業は、金利の引き上げによって予想外に返済額がふくらむこととなり、多くの企業が倒産せざるをえなくなった。債務削減を目的とするはずのこの政策は、逆に国の財政赤字を深刻化させたのである。

構造調整政策（構造改革）

長期的な構造調整政策としては、以下のような構造改革が設定されている。マクロな

CFAフラン
CFAフランは、西アフリカの旧フランス植民地で使用されている通貨のこと。

視野に立った新自由主義プログラムのことだと言ってよい。

1　輸出志向経済
2　関税障壁の撤廃
3　経済の自由化（資本移動規制、為替規制の撤廃）
4　付加価値税（ＶＡＴ）の導入
5　公共部門の民営化

第一に、構造調整を受けいれた第三世界諸国は、債務返済用の外貨を稼ぐために、輸出志向経済に転換することを強制された。この政策によって、たとえば農業では、どの国も安価に生産できる商品作物に特化して生産を行ない、それを大量に輸出するように強制された。このことは、自国向けの食料生産を減らし、輸出向けの農業生産を増やすことを意味していた。一九八〇年代、ＩＭＦと世界銀行の介入を受けた国では食糧自給率が低下し、食糧難と飢餓さえ生じることになるが、この原因の一端が、輸出志向型経済への転換にあったことはまちがいない。しかも、輸出志向経済への転換に成功し、今までよりも多くの農産物を輸出できたからといって、その国の経済が良好になるわけではない。一九八〇年代、輸出志向経済に転換したのは一国だけではなく、構造調整を受けた他の多くの国も同じであった。激しい輸出競争によって商品価格が下落し、従来よりも多くの商品を売らなければ、利益が得られなくなったのである。

第二に、ＩＭＦと世界銀行は関税障壁を撤廃し、市場を開放することを求める。もちろん、市場が開放されれば、消費者は安い価格で輸入品を買うことができるようになる。だが、その過程で競争に負けた現地企業は淘汰され、その分の市場シェアを海外の多国籍企業に譲ることになる。たちが悪いことに、多国籍企業はいちど市場を独占したら輸入品の価格をつり上げてしまう。しかも、国内の労働者は失業と雇用不安に悩まされることとなり、安い商品が入ってきても買うことができない。関税障壁の撤廃は、決して第三世界の経済安定に貢献するものではなく、多国籍企業のチャンスを広げただけであった。

第三に、第三世界諸国は資本規制の撤廃を強いられた。このことは、先進国の多国籍企業の投資、製品、サービスの参入が自由化されたことを意味する。ＩＭＦと世界銀行はこの政策を通じて、自分たちの生産したいものを、生産したい場所で、自分たちが決めた条件で生産したいという多国籍企業の願望を実現しようとしたのであった。また、資本市場の自由化は、投機的な資金の流出入を招き、各国経済に大混乱を引きおこした。一九九七、九八年のアジア通貨危機はその典型であるが、これについては後で詳しく見ていくことにしよう。

第四に、第三世界は不平等を助長するような課税システムを導入することが求められた。構造調整に従った国では、累進課税の原則が廃止され、付加価値税（ＶＡＴ）を導入された。ＶＡＴとは、日本でいう消費税のことである。ある人が商品を購入したとき、金持ちであろうと貧乏であろうと、その商品にたいして同じ額の税金が徴収される。だから、高額所得者は低所得者よりも、相対的に低い税金しか払わなくてよいことになる。税制が貧困層に不利益をもたらすものへと転換させられたのである。

第五に、ＩＭＦと世界銀行は第三世界の国有企業を強制的に民営化させた。そして、それを先進国の多国籍企業の利益になるように、超低価格で売り飛ばした。第三世界は企業売却によってあるていどの収益をえられるが、それはそのまま債務返済にあてられてしまう。また、多国籍企業が赤字部門から撤退してしまい、鉄道、通信、保健医療、水、教育など、あらゆる人びとに必要不可欠な社会サービスが低下してしまうこともしばしばであった。

以上のように、構造調整政策（ＳＡＰｓ）とは、強制的な新自由主義プログラムのことであった。構造調整はサミット体制を強化し、第三世界の大勢の人びとを貧困におとしいれることと引き換えに、北の金融機関と多国籍企業の利益を守ってきたのであった。一九八〇年代、とくにラテンアメリカとアフリカ諸国がＩＭＦと世界銀行の介入によって壊滅的な打撃を受けている。ここでは一例として、東アフリカに位置するソマリアを取り上げてみよう。

ソマリアの飢餓

「ソマリアで食料不足」。テレビや新聞で、こうした言葉を目にしたことがあるという人は多いのではないだろうか。一九八〇年代から、ソマリアは深刻な飢餓と食糧難に見舞われた。マスコミの報道では、ソマリアの飢餓はあたかも旱魃や水害などの自然災害によって引き起こされたかのように報じられていた。だが実際のところ、ソマリアの飢餓は自然災害などではなく、むしろ人為的な災害であった。ソマリアの飢餓には、明らかにＩＭＦと世界銀行の介入が密接に絡み合っていた。一九七〇年代、ＩＭＦの介入があるまで、ソマリアは遊牧民と小農との交易を主軸とする牧畜経済の国家であり、決して豊かではなかったものの、自給自足でなんとかやっていくことのできる国家であった。だが、一九八〇年代初め、多額の債務をかかえたソマリアは、ＩＭＦと世界銀行の構造調整政策（ＳＡＰｓ）を受け入れざるをえなくなった。ここからソマリアの経済破綻がはじまったのである。

第一に、構造調整はソマリアの小農の生活を破綻させた。一九八一年、ＩＭＦの強制によって実施された通貨切り下げは、燃料費や肥料価格、その他の農業生産費用の増加を招いた。また、「貿易の自由化」の名のもとに、政府の農業振興プログラムも縮小され、安い輸入農産物が大量に流入することになった。これによって、ソマリアの穀物生産者が職を失うと同時に、トウモロコシや砂糖などの伝統的な穀物の生産が減少するという事態が生じることになった。多くの小農が没落し、国内向けの農作物が減少したのである。だが、その一方で、ソマリア政府は大農家に肥沃な大地を明け渡し、そこで果物や野菜、綿実油、綿花などの輸出用作物を栽培することを奨励した。ソマリアでは、輸出向けの農業が推奨されるなかで農村が貧困化し、自給自足経済も破綻したのである。実際、ソマリアは、一九八〇年代に自給率を低下させ、海外からの輸入品を頼らざるをえなくなった。食糧支援の量も一九七〇年代半ばから八〇年代半ばまでに、年間三一パーセントの比率で増加し、一五倍にまで膨らんでいる。

第二に、構造調整はソマリアの牧畜経済を崩壊させた。一九八〇年代初め、まず通貨の切り下げによって、輸入していた家畜用医薬品の価格が上昇した。世界銀行は、動物の予防接種のように、それまで遊牧民に無償で提供されていた家畜保健サービスから利用料を徴収するように命じた。ソマリア政府はそれまで家畜省に委ねてきた諸機能を段階的に廃止せざるをえなくなり、家畜用医薬品はほとんど民間市場を通して購入しなくてはならなくなった。また、予防接種が受けられなかったために牛の伝染病が拡がり、ソマリア産肉類の輸出が減少するという事態も生じた。逆に、ＥＵ諸国からは無関税で牛肉や乳製品が輸入されることとなり、ソマリアの国内市場に大量に出回ることになった。こうした結果、家畜の数が急激に減少し、それと共に、ソマリアの人口の半数を占めていた遊牧民も半減してしまった。

さらに、構造調整で強制された公共支出の削減は、農畜産業の崩壊にさらなる拍車をかけた。当時、ＩＭＦと世界銀行は財政難に苦しんでいたソマリア政府にたいして、収益の見込めない社会インフラから手をひくように求めた。水資源の管理も放棄された事業の一つである。政府は水のわき出る地域や井戸を維持できなくなり、そこから撤退を余儀なくさせられた。その結果、多くの地域が干上がってしまうか、あるいは水の出る場所は富裕層に私有化されてしまった。これによって、小農や遊牧民は大きな打撃を受けた。農業用水や牧草地が干上がってしまったために利用できなくなったか、あるいは必要な水が有料化されたため、生産を維持できなくなってしまったのである。

以上のように、ソマリアの食糧不足・飢餓は自然災害ではなく、経済のグローバル化のもとで生じた人為的な災害であった。それは、構造調整政策（ＳＡＰｓ）によって国内の農業と牧畜業が衰退した結果として引きおこされたのである。ソマリアの例は一国にとどまらず、飢餓に苦しむ多くの第三世界諸国にも当てはまる例である。とくに、アフリカ諸国では、ソマリアとほとんど同じような形で牧畜業が瓦解している。多国籍企業の利益を優先する新自由主義政策は、それが浸透するプロセスで多くの国の経済を破綻させたのであった。

金融の自由化

一九八〇年代、ラテンアメリカやアフリカ諸国が貧困化するなかで、東アジア諸国だけが経済的な繁栄を享受していた。当時、「タイガー・エコノミー」「アジアの虎」などと呼称されたこの地域では、韓国、台湾、香港、シンガポールの「四人組」を筆頭に工業化を成功させ、これに続いて、タイ、インドネシア、マレーシア、フィリピンなどの国々が経済発展をとげていた。だが、一九九七年から九八年のアジア金融危機の発生によって、東アジア全体の経済が瓦解し、ＩＭＦの介入を招くまでにいたった。タイのバーツ暴落をきっかけにして生じたこの金融危機は、東アジア全体に波及し、各国を危機におとしいれたのであった。

アジア金融危機の原因には、いくつかの説がある。ただ現在では、資本の過剰な流動性、つまり一九七〇年代を起点とし、一九九〇年代に加速した「金融の自由化」が、アジア金融危機の有力な原因と見なされている。一九八〇年代から九〇年代にかけて、世界的に金融取引の規制緩和、資本移動の自由化、コンピューター・ネットワークなどの情報通信手段の革新によって、金融市場が爆発的に成長することになった。巨大なコンピューター・ネットワークは、金融市場の高度な相互連結を可能にし、デイトレードに見られるように通貨や有価証券を一瞬のうちに取引可能なものにした。また、**デリバティブ**（金融派生商品）に代表される金融革命の爆発は、公開市場で取引可能な金融手段を増加させることにつながった。これによって、投資家たちはさまざまな金融手段の価格差を利用し、容易に利益を上げることができるようになり、各国の資本市場がよりいっそう密接に結びつけられることになったのである。

実際に、通貨や債権、株式の取引高は、一九九〇年代前半までに急速に成長している。たとえば外国為替市場を見てみると、一日の取引高は一九七〇年代に約一五〇億ドルだったものが、八〇年代初頭には六〇〇億ドル、一九九五年には一兆三千億ドルまで拡大している。実体経済と比較するとその規模の大きさは明らかであり、一九八三年の時点で世界貿易額の一〇倍であった外貨取引額は、一九九二年になると六〇倍になっている。また、グローバル資本市場で取引される金融資産の総額を見てみると、一九八〇年に五兆ドルだった金融資産が、一九九二年には三五兆ドルにまで増加している。この額は経済協力開発機構（ＯＥＣＤ）諸国の国内総生産の二倍に当たる額である。この時期までに、金融市場の取引は、実体経済から完全に乖離したのである。一九九〇年代の「金融の自由化」は、グローバルな金融市場を出現させたが、そのうちモノや財、サービスなどの実際の経済活動に関わる取引はほんのわずかにすぎない。「金融の自由化」が作りだしたのは、あくまで投資家たちがゲームをおこなう巨大な貨幣のプールであった。

アジア金融危機（タイのバーツ暴落）

こうして過剰なまでに高められた資本の流動性は、一九九七年にはじまるアジア金融危機の引き金となった。ここでは、金融危機の発端となったタイの事例を取り上げてみ

デリバティブ

金融商品には株式、債券、預貯金・ローン、外国為替などがあるが、これら金融商品のリスクを低下させたり、リスクを覚悟して高い収益性を追及する手法として考案されたのがデリバティブ（金融派生商品）。デリバティブの取引には、基本的に、その元になる金融商品について、将来売買を行なうことをあらかじめ約束する取引（先物取引）や、将来売買する権利をあらかじめ売買する取引（これオプション取引）などがあり、さらにこれらを組み合わせた多種多様な取引がある。

よう。一九九〇年代、タイはドルと自国通貨のバーツをリンクさせる固定相場制を採用していたが、そのなかで経常収支に大幅な赤字を出していた。財とサービスの輸出によって獲得されるドルよりも、輸入によって海外に流出するドルのほうが大幅に上まわっていたのである。赤字の額はタイのＧＤＰの八パーセントにも上るほどであった。そのままにしておいたら、国内からドルが減り続けてしまう。そこで、タイ政府は経常収支の赤字を補塡するために、海外から証券投資、銀行投資などの短期資本を積極的に誘導しはじめた。当時、成長国と見なされていたタイに対して、海外からは投資（ドル）が殺到した。その額は、ＧＤＰの一〇パーセントにも上るほどであったという。もちろん、こうした国際収支の埋め方には、多大なリスクがつきまとうことになった。

一九九七年、ひとたび不動産への不透明な投資の失敗が発覚すると、海外の投資家たちは投機的なタイ通貨（バーツ）売りをはじめた。危険が見えはじめたタイに対して、海外からのドルの流入もストップした。あとは、経常収支の赤字を通じて、ドルが減り続けていくだけである。これに対して、海外投資家たちは追い打ちをかけるようにバーツ売りをしかけた。このときの海外投資家の動きは、明らかに意図的なものであった。投機がはじまった時点で、タイ政府は対ドル固定相場制をとっており、ドル売りによってドル高・バーツ安の流れを食い止めることができた。だが、ドル準備が枯渇すれば、タイは固定相場制を維持できなくなる。そうなれば、バーツの通貨価値が急速に下落することになるだろう。海外投資家たちは、こうした筋道を予測してバーツ売りをしかけ、固定相場制が放棄された時点を狙って、バーツ買いを行なおうと考えた。そうして、通貨売買の差額を儲けようとしたのであった。

こうした投機の結果、バーツは暴落し、タイ経済は危機に追いこまれた。失業率は急上昇し、GDPは急落、銀行は閉鎖された。この時期に、タイの失業率は前年度の三倍にまで膨れあがり、GDPも一九九八年までに一〇・八パーセントも減少している。さらに悪いことに、タイの金融危機は他のアジア諸国にも波及し、各国の経済がバタバタと破綻していった。ことの重大さに気付いたIMFは、事態を収拾させようと、危機におちいったアジア諸国にたいして、積極的な介入政策をとった。誰でも想像がつくように、金融危機の原因は、「金融の自由化」を背景とする無規制な資本フロー、無秩序な金融投機にあった。しかし、このときIMFは正反対の結論をだした。IMFは、東アジア諸国の市場に対する強い国家介入、あるいは政財界の癒着構造こそが、金融危機を引きおこしたと主張した。そして、構造調整政策（SAPs）を課し、「金融の自由化」

をふくむさらなる「市場の自由化」を強制したのであった。ＩＭＦの介入は、明らかに東アジア諸国を誤った方向へと誘った。経済危機は続き、タイをふくめてＩＭＦに従った国々は、危機を抜けだすのに長い時間をかけることになってしまったのである。しかも、ＩＭＦからの融資を受け、経済を立て直すためには、新自由主義政策を受けいれ、国内の貧困化に耐えなくてはならなかった。皮肉なことに、東アジアのなかで危機から早く立ち直ることができたのは、マレーシア、中国、台湾のように、ＩＭＦの介入を拒否した国だけであった。

韓国　ＩＭＦの介入

アジア金融危機が世界に衝撃をあたえたのは、それが「世界経済の成長センター」とよばれていた東アジアで生じたからである。とくに、一九九六年、ＯＥＣＤに加盟し、先進国の仲間入りをはたした韓国で危機が発生したことは、第三世界諸国のみならず、先進国をふくめた多くの国々を驚かせた。一九九〇年代、他国との輸出競争に敗北した韓国は収益性を激減させ、財閥を中心とする巨大企業は外国銀行からの借り入れに依存するようになっていた。一九九〇年代後半までに、韓国の財閥は多額の負債をかかえるようになり、一九九七年には韓信公営や韓宝鉄鋼といったいくつかの財閥が破産宣告をだすにいたった。

これをきっかけとして、外資系の銀行は韓国からいっせいに資金をひきあげ、財閥ばかりでなく韓国全体が破産寸前に追いこまれた。一九九七年一二月、ついに韓国は、ＩＭＦとの救済融資の調印文書にサインし、五五〇億ドルの融資を受けることになった。もちろん、厳格な構造調整プログラムにしたがうことと交換条件にである。ＩＭＦの介入後、まっさきに強制されたのが、「金融の自由化」である。為替取引の完全自由化、海外投資家が韓国株式市場に全面参加することの容認、土地取引の規制緩和などが、つぎつぎと実施された。他の東アジア諸国の例にもれず、韓国の金融危機も、無秩序な資本取引によってひきおこされたものであったが、それにもかかわらず、ＩＭＦは資本市場のさらなる自由化を強制した。ＩＭＦの構造調整プログラムは、海外投資家にとってもっとも都合のよい経済システムを作りあげることを目的としていたのである。

さらに、韓国では、金融、企業（財閥）、労働、国営企業の四つの構造改革が実施された。まず、金融構造改革の旗印となったのが、金融監視委員会。この委員会を中心として、大銀行の合併が実施されていった。具体的には、大東銀行、東南銀行、同和銀行、京畿銀行、忠清銀行など、自力再建が不可能とみなされた銀行が、負債込みで国民銀行、住宅銀行、新韓銀行、韓米銀行、ハナ銀行に統合された。外換銀行、朝興銀行、商業銀行、韓一銀行については、経営陣が一新されるとともに、大規模なリストラ、他行との合併も実施された。こうした金融改革によって、韓国は金融機関が背負っている不良債権一六九兆ウォン（一二二二億ドル）を処分するように要求された。

財閥改革の目玉とされたのは、ビッグ・ディールであった。この改革は、もともと金大中が大統領に就任したときに、経済改革の目玉として掲げてきたもので、財閥系企業の事業交換と統廃合を進めることを目的としていた。自動車、半導体、鉄鋼、石油化学、造船、発電設備、液晶画面、セメント、鉄道車両、空港の一〇業種がその対象となり、ビッグ・ディールが強力に推進されることになった。また、五大財閥（現代、三星、大宇、LG、SK）は系列企業二〇社をふくむ五五社を整理企業として処分するように要求された。これは当時、韓国で不採算の兆候があるとみなされていた企業三一三社の約一八パーセントにあたる企業数であった。

労働改革と民営化も熾烈をきわめた。労働改革のきわみは「整理解雇制」を導入し、労働者の解雇を法律で保障したことであった。「整理解雇制」とは、労働市場の柔軟化をはかるために、労働者、資本家、政府の三者からなる労資政委員会を発足させ、三者の合意があれば、いくらでも整理解雇を可能にするという制度であった。韓国政府は、率先してリストラを奨励する制度を作ったのである。また、このとき公共部門の民営化もいっきに進められ、浦項総合製鉄、韓国重工業、韓国総合化学工業、韓国総合技術金融、国定教科書の五社が完全民営化の対象となり、さらに段階的民営化の対象として、韓国電気通信公社、韓国タバコ人参公社、韓国電力公社、韓国ガス公社、大韓送油管公社、韓国地域暖房公社の六社が選定された。そして、民営化が遂行されるなかで、人員の大規模な合理化がはかられたのであった。

ＩＭＦの介入の結果、一九九八年の韓国の貿易収支は四〇〇億ドルを突破し、外貨保有高も五〇〇億ドルを超えた。これはいずれも史上最大の額だったという。国際的な格付け機関の評価も、「投資適格国」とよばれるほどまでになった。だが、その一方で、韓国の失業率は一九九九年に八・五パーセント、一六一万五千人へと急増し、その年の政府発表では「年末までに失業者は二〇〇万人を越えるだろう」と予測されたほどであった。この時期の家計調査をとってみても、韓国の貧富の格差拡大は明らかであった。また、政府のかかえる債務は、一九九九年末までに二〇〇兆ウォン（一六六六億ドル）を越えていた。これはＧＤＰの四五パーセントに相当する額であった。金融危機以前にはわずか五パーセントほどだったから、債務の拡大率の大きさは尋常ではなかったといえる。ＩＭＦの介入は、韓国経済を投資家にとって都合のよいものにする一方で、韓国の実物経済を犠牲にし、国内の大勢の人びとを奈落の底へとたたき落としたのであった。

サミットの対応

アジア金融危機の始まりとともに、グローバル経済の管理をおこなうサミットの役割は、とくに重要なものとなった。一日に何兆もの資金が利子を求めて世界中を駆けめぐる。その結果、アジア各国の経済は破綻に追いこまれ、世界の金融システムが不安定化していることが明らかになった。こうした中で、サミットは国際金融機関の改革を担うアクターとして、世界中から一身に期待を集める。一九九八年のバーミンガム・サミットの「議長声明」を見てみよう。

アジアの金融危機は、世界金融システムに潜在的な弱さと脆弱性があることを明らかにした。

したがって、我々は、世界の金融構造を強化し、そのような危機が将来再発する危険を減少させ、また、それが起こった場合の衝撃に対してより強靭なシステムを構築するために措置をとることが緊急に必要であると考える。

この声明に見られるように、サミットは世界金融システムの再構築に乗り出していた。だが、サミットの出した答えは、「金融市場の自由化」に規制をかけることではなく、むしろそれを推進するものであった。実際、サミットはアジア金融危機におけるＩＭＦの役割を高く評価した。

ＩＭＦと合意したプログラムの完全な実施により、安定が回復され得るものと我々は確信する。アジアが過去目覚ましい成長を達成するのに役立った基礎的要素は、依然として有効である。[*5]

サミットはＩＭＦのプログラムに絶対的な支持をあたえた。たとえば、サミットが提示した対応策も、金融データの透明性を担保すること、すべての国に**銀行監督に関する「バーゼル・コア・プリンシプル」**（**バーゼル原則**）を採用することなどであった。これらは金融市場の透明性・公平性を確保し、資本の流れを円滑にすることを目的とする方針であった。サミットでも、金融取引の不正や、金融システム全体を脅かすようなカジノ投資家には政府の介入が必要だという認識はあったが、それはあくまで透明で公平な「金融の自由化」によって是正されると認識されていたのであった。しかしながら、タイ、韓国の例で明らかなように、ＩＭＦの介入はその国の経済を悪化させただけであった。本当のところ、カジノ的な投機にしても、それを可能にしたのは金融取引の規制を緩和し、無秩序な状態を作り上げた「金融の自由化」にあった。サミットの対応は、金融危機の温床となった「金融の自由化」を補強するものでしかなかった。サミットは、誰がどう見ても失敗に終わったＩＭＦの金融対策にお墨付きをあたえたのであった。

債務の削減

一九九〇年代末になると、ラテンアメリカ、アフリカ、アジアのどの地域においても、構造調整の矛盾が明らかになっていた。各国から批判が続出し、先進諸国はしだいにあからさまな新自由主義プログラムを強制することはできなくなっていった。代わりに、サミットやIMF・世界銀行は、重債務貧困国（HIPCs）の大幅な債務削減を大々的に掲げるようになった。実際、一九九九年のケルン・サミットでは、債務削減の約束が高々と謳われ、その後、現在までにほんのわずかであるが債務は削減されてきた。しかし、削減額はサミットの約束には遠くおよばず、しかも重債務貧困国は三十数カ国と

＊5　http://www.mofa.go.jp/mofaj/gaiko/summit/birmin98/commun.html

銀行監督に関する「バーゼル・コア・プリンシプル」（バーゼル原則）
バーゼル銀行監督委員会とは、一九七五年にG10諸国の中央銀行総裁会議で設立された銀行監督当局の委員会のこと。一九九七年、この委員会は金利リスクの管理のための諸原則をまとめたステートメントを発表している。

ほんのわずかの国に限られていた。また、重債務貧困国が債務を削減してもらうには、ＩＭＦ、世界銀行が準備する貧困削減戦略ペーパー（ＰＲＳＰ）に最低六年間従わなくてはならないという条件がついていた。実のところ、このペーパーの内容は新自由主義政策そのものであった。最低六年は従わなくては債務削減が実施されないことを換算すると、より強化された構造調整のことだといえるかもしれない。こんにち、Ｇ８サミットは第三世界の債務削減の重要な場であると見なされがちであるが、Ｇ８サミットの提示する「債務削減」は、あくまで新自由主義を普及させる一手段にすぎないのである。

【コラム　世界の暴動③】フランス暴動

二〇〇五年一〇月、フランス全土で二五日間にもおよぶ大規模な暴動がおこった。放火された自動車は一万台以上、一時は蜂起と呼べるような事態にまでいたった。フランスでは、これまでにも警察の横暴や手落ちに反発して、たびたび暴動がおこってきたが、全国規模でいっせいに暴動が生じたのは、今回がはじめてのことであった。しかも、特徴的だったのは、暴動に参加したほとんどの人びとが一四歳から二二歳までの若者であり、その過半数が前科のない若者だったことである。暴動のきっかけになったのは一〇月二七日、パリ郊外でサッカー帰りの三人の少年が警官に追いかけられ、逃げこんだ変電所で二人が感電死し、一人が重傷をおったことだ。事件後、警察当局は「少年たちは泥棒を働いていた最中だった、警官は追跡しなかった」という事実無根の声明をだし、ドヴィルパン首相もそれを踏襲した。こうした警察、政府の虚言にたいし、パリ郊外の若者の怒りが爆発した。翌二八日、街のあちこちで激しい暴動が生じ、無数の自動車が放火され、郵便局、消防署、市役所、バス停などの公的なシンボルが次々と襲撃された。こうした若者の激しい怒りは、郊外で暮らす全国の若者の心に火をつけ、暴動はフランス全土に飛び火することになった。

暴動の舞台となったフランスの郊外は、移民労働者の多い地域である。一九六〇年代後半から八〇年代にかけて、フランスは産業の活発化にともない、大々的に低賃金の移民労働者を受けいれた。とりわけフランスからの独立戦争後、厳しい不況にあえいでいたアルジェリアからは、仕事を求めて大量の労働者がやってきた。大都市周辺に大団地が建設されたのもこの時期であり、パリ市やリヨン市の郊外はその典型として知られている。だが、一九七〇年代後半になると、二度の石油ショックの影響からフランスは経済危機におちいり、大工場ではリストラが実施され、中小工場は倒産、炭坑は閉鎖された。一九八〇年代になると、「新自由主義」政策のもとで、雇用の不安定化が一般化し、なかでも郊外の移民労働者はもっとも劣悪な境遇にさらされた。全国の失業率が一〇パーセントであるのにたいし、郊外の失業率は三倍から四倍近くもある。郊外では就職活動でさえままならない状態であり、面接でさえめったに呼び出しがかからない。これには、あきらかに人種差別が絡んでおり、名前がフランス人の名前ではない、肌の色、住んでいる地名だけで差別を受ける。働く場所のない若者たちは街の一角にたむろし、非行に走ることもたびたびである。

現在では、「郊外の若者」「乱暴者、不良」とのレッテルがはられており、しかも人種差別がそれに拍車をかける状況にある。警察の一部には、あきらかなレイシストがおり、故意のいやがらせや弾圧を繰り返している。肌の色が違うという理由だけで行われる職務質問や身体検査、反抗した者への公務執行妨害による逮捕。これらは一九八〇年代以降、郊外の日常的な風景であり、二〇〇五年の暴動のひきがねとなった事件もその一つであった。人種差別による警察の弾圧と、まっとうな仕事からの排除。これらが若者たちの心に火をつけたのであった。パリの東郊オルネイでは、企業や学校に火をつけた若者たちが、こう言ったという。「あの企業はこの町から誰も雇用しないから火をつけたんだ」「学校なんか何も役に立たない」「俺たちをサルコ（現首相のサルコジ。当時は内相）が社会のクズと呼ぶから、ヤツに掃除のできるクズをつくってやったんだよ」。彼らの暴動には、ラジカルな政治性が秘められていた。

また、暴動が全国的な拡大をみせたのは、「新自由主義」のもとで、アフリカ系移民ばかりでなく、白人系の労働者もふくめて雇用の不安定化が進んでいることが背景にある。とくに、若者には非正規の仕事に就く人びとが多く、不法な労働条件さえまかりとおっている。フランス北部地方では、暴動で逮捕された若者の半数が白人であった。かつて北部地方は炭坑や鉄鋼業で栄えた地域であったが、いまでは産業が空洞化し、住民はアフリカ系か白人系かにかかわらず、不安定な労働状況にさらされている。二〇〇五年のフランス暴動では、もちろん人種差別が非常に大きな問題であったが、暴動の全国的拡大の背景には人種の壁を越えた「労働の柔軟化」

の問題があった。ひどい条件で働くことを強いられているフランス全国の若者が怒っていたのである。

第四章 G8諸国の新自由主義

こんにちまでに、第三世界のほとんどの国々が、サミット体制のもとで新自由主義政策をとるようになっている。だが、新自由主義政策を採用しているのは、第三世界ばかりではない。それはG8諸国（アメリカ、イギリス、イタリア、カナダ、ドイツ、日本、フランス、ロシア）も同様である。一九八〇年代から、先進諸国でもドラスティックな政策転換があり、「輸入農産物の自由化」「規制緩和」「民営化」「労働柔軟化」「警察国家化」を推しすすめてきた。サミット参加国はIMF・世界銀行を通じて、第三世界の新自由主義化を推進したばかりでなく、自分たちの国でも自由な資本運動を最大限可能にする仕組みを整えたのであった。本章ではまず、G8諸国のうち政策転換がもっとも激しかったイギリスを考察し、それから日本の新自由主義を見ていくことにしよう。

イギリス　ＩＭＦの介入

一九七〇年代半ば、他の先進諸国と同じように、イギリスはスタグフレーションに悩まされていた。一九七五年にはインフレ率が二六パーセントに急騰し、失業者は一〇〇万人を越えている。もちろん、インフレが加速したからといって、賃金が急上昇するわけではない。そのため、イギリス労働者の多くが生活苦に陥ることになった。一九七二年、たえかねた労働者はストライキに突入した。国営企業の炭鉱労働者が、二六年ぶりにストライキに踏みきったほどであったという。大規模ストライキは選挙のあった一九七四年にも打たれている。当時の保守党政権は非常事態を宣言して応答し、世論からの支持をえようとしたが、政府の意図は完全に失敗し、世論は労働者の同情へと向かった。結果的に、保守党は選挙で敗北し、労働党が政権に就いた。政権をとるやいなや、労働党は炭鉱労働者に有利な条件を提示し、ストライキを収束させることとなる。

しかし財政上の理由から、労働党政権には和解条件を履行する余裕などなかった。イギリスでは財政赤字とともに国際収支の赤字がふくらみ、一九七五年――七六年になると、

ＩＭＦからの融資を受けるまでにいたった。ＩＭＦは財政抑制と緊縮命令に従うように要求し、イギリス政府は福祉支出を大幅に削減しなくてはならなかった。この行為は労働党政権にとって、伝統的な支持者の利益を裏切ることを意味した。しかも、スタグフレーションが解決されたわけではない。一九七八年、従来の労働党支持者たちは、政府に公然と反発し、公共部門の労働者は国家機能をマヒさせるほどの大規模ストライキをつぎつぎと打っていった。医療サービスは大幅に制限され、墓堀人は死体の埋葬を拒否し、鉄道は「本日運休」というそっけない告知をだして運休するといった事態にいたった。大手メディアの多くは、このストライキを利己的であると見なし、こぞってバッシングを行った。こうして、支持者をふくめて労働党政権は崩壊し、一九七九年の選挙では、マーガレット・サッチャー率いる保守党に政権を譲ったのであった。

サッチャリズム

一九七九年、鉄の女の異名をとるマーガレット・サッチャーが政権をとった。早くからフリードリッヒ・ハイエクの信奉者であった彼女は、一〇年間にもおよぶその任期中に「小さな政府」を掲げて政府支出を削減し、財政の締め付けを徹底させていった。サッチャーのとった政策はサッチャリズムとよばれ、現在でも新自由主義の代名詞となっている。具体的にいうと、サッチャリズムの内容は、以下の通りであった。

国営企業の民営化
労働組合への攻撃
金持ち大減税
防衛費の増加

当時、日本でも「イギリス病」という用語が流行したが、福祉による手厚い保護は財

フリードリッヒ・ハイエク
一八九九―一九九二年。オーストラリア生まれの経済学者、哲学者。第二次世界大戦をはさんで活躍し、社会主義経済学、ケインズ経済学を徹底的に批判して、自由市場経済を擁護すると同時に、その思想的裏づけを行った。レーガン、サッチャーなど多数の政治家に影響をあたえ、新自由主義の理論的支柱となった。主著は『隷属への道』。

政赤字を招くばかりでなく、労働者の勤労意欲や向上心をくじいてしまうとして、様々なメディアから大きく批判されるようになっていた。サッチャーはこうした時流にのり、公共部門をスリム化するとともに労働組合の力をそぎ落とし、労働者に利潤追求の精神と企業家精神を叩きこもうとした。実際、サッチャーの政策は成功をおさめ、数年間でイギリスの情勢は一変することになる。イギリスはサッチャーが政権に就いた一九七九—九〇年の間に、新自由主義の体制へとドラスティックに展開したのであった。

国営企業の民営化

まず、サッチャーが真っ先に行おうとしたのは、国営企業の民営化であった。当時、イギリスの公共部門は肥大化を続け、ＧＤＰの一〇パーセント、一五〇〇万人を占めるようになっていた。国営企業の中には炭鉱・ガスのように採算がとれず、民営では無理だから国営にしたという部門も多く、国家予算を大きく流出させる原因になっていた。そこで、サッチャーは国有企業を売却し、資産の売却によって国庫をうるおすと同時に、非効率な企業の面倒を見なくてはならないという政府の義務を放棄しようとした。サッチャー改革によって、既存の国営企業の約四分の一が民営化され、雇用者数は半減することになる。売却する際、国営企業の資産価格の評価には、民間資本にかなりのうまみがつけられた。その安値の資産売却を見て、マクミラン元首相は「家宝の銀器をただでくれてやるようなものだ」と皮肉を述べたほどであったという。

また、民営化はイギリス政府に儲けを上げさせたばかりでなく、労働者や企業に利潤追求の精神を徹底させるうえで象徴的な意味をもった。それまで、国営企業は社会的必要性という観点から、たとえ不採算であっても国家がまかなうというのが常識であった。だが、サッチャーはそのような常識をくつがえした。そのようなイギリスの常識こそが、労働者や企業の競争心をそぎ落とし、ひいてはイギリス経済の停滞を招いたのだ、と説いたのである。ブリティッシュ・エアロスペース、ブリティッシュ・テレコム、ブリティッシュ航空、鉄鋼、電気、石油、炭鉱、水道、バス、鉄道、その他無数の小規模な国営企業を私企業に売り飛ばす中で、サッチャーはどんな部門の企業であっても市場原理の徹底に例外はないことを示した。イギリス民営化の例は、それが資本の儲けになることを証明した先駆的事例であったと同時に、イギリスの企業文化、労働文化を変革する象徴的な出来事であった。

労働組合への攻撃

一九八四年春、サッチャー政権下で炭鉱の閉鎖と大合理化が宣言された。その目的は明らかであった。当時、イギリスの労働運動は世界的にみてもきわめて強いことで知られており、炭鉱労働組合はその牽引役を果たしていた。そこで、サッチャー政権は炭鉱労働組合を徹底的に叩きつぶすことで、労働運動全体の弱体化をはかろうとしたのであった。ストライキの直接の引き金となったのは、雇用者である全国炭鉱連盟（ＮＣＢ）が全国炭坑夫組合（ＮＵＭ）に提示した「将来計画」であった。この計画によれば、採算にあわない炭坑はすべて閉鎖することになっていた。当然ながら、それは労働者の大量失業を意味する。そこで、組合側は「石炭が枯渇したならば炭坑を閉鎖するのは当然だが、まだ埋蔵する石炭が存在するのに放棄するのは、採算にあうようにするための努力を行わない雇用者側の責任をすべて労働者側に押し付けるものにほかならない」として応答し、ストライキに突入した。

ＮＣＢのマクグレゴアの背後にはサッチャーがいた。そして、彼女がＮＵＭのストライキは社会主義者であるスカーギル委員長の扇動による赤化運動であると見なしたことから、労働組合に対する公権力の攻撃は熾烈をきわめた。ストライキは坑夫と警官との間の肉弾戦となり、多数の犠牲者を出しながら一年間も続けられた。ストライキの最中、世論はどちらかというと組合側に同情的であった。たとえば、ダラムの司教であったジェンキンス博士は、「輸入してきたアメリカ老人（新自由主義政策のこと）はアメリカに返したほうがよい」と述べて、炭坑夫を支持した。また、保守党も決して一枚岩ではなかった。一九八五年、保守党大会において、保守党所属のある労働組合員がサッチャーを批判して、「この内閣は、何一つ雇用政策を持っていない。このような状況が続けば、労働者たちの堪忍袋は切れてしまって、大変な事態が明日にでも生じるかもしれないと私は言明する。しかしそのような事態は、雇用政策を何一つ持っていない内閣が受けるべき当然の報いであることを政府は忘れてはならない」と演説した。彼の演説後、場内は万雷の拍手でわいたといわれている。

だが、サッチャーはあくまで炭坑夫組合を潰すことにこだわった。地元警察だけでは生ぬるいとして、ロンドンから警察を送りこんだほどであったという。サッチャーは炭坑ストライキをめぐって、保守党内が二分してしまうかもしれないというほど動揺していたにもかかわらず、警察を増強して問題解決をはかろうとしたのであった。こうしたサッチャーの強硬策と、一九八四年一一月、労働組合委員長のスカーギルのスキャンダルがすっぱ抜かれたことが相まって、しだいに労働組合の力が衰えていき、およそ一年間の闘争を経て、ストライキは完全に雇用者側の勝利に終わった。ストライキ終結後、炭鉱内ではストライキ参加組と不参加組が深く憎しみあい、不参加組は新組合を結成する結果となった。これによって、イギリス国内で巨大勢力を誇った全国炭坑夫組合は瓦解した。

炭坑労働組合がたたかれる過程で、イギリス労働運動そのものが弱体化していくことになった。一九七九―八四年の間に、イギリス労働組合評議会（ＴＵＣ）は組合員の一七パーセントを失う結果となった。労働組合の交渉力の衰えも著しく、失業者数は一九七九年の時点で一五〇〇万人ほどであったのが、一九八四年には三二〇〇万人にまでふくれあがっている。それまで、労働組合の力が強く、労働者の保障を充実させてきたイギリスの労働情勢は一変し、一九八〇年代を通じて、イギリスは日本の自動車産業などの海外企業が低賃金労働力を求めて進出する場へと変容した。炭坑の大幅合理化は、イギリスで労働の柔軟化が進められる象徴的な出来事となったのである。

しかも、サッチャーは労働組合を弱体化させる過程で、労働法制を改正し、労働の柔軟化を推しすすめようとした。具体的には、①支援者によるストライキの非合法化、②労働組合の民法上の法人責任の強化（非合法行為による損害への賠償責任）、③クローズド・ショップ（労働組合加盟を雇用条件とする労資間協定）の弱体化、個人の就労権の強化、④最低賃金制の廃止、⑤経営者の解雇権の強化などである。こうした労働法制の規制緩和は、企業活動を活性化させるために、労働者の雇用安定を犠牲にするものであった。実際に、サッチャー時代の労働改革の後、イギリスでは非正規労働者数の数は激増することになった。二〇〇二年の時点で、全雇用労働者三〇一〇万人のうち、臨時労働者は一九二万人（全体の六・四パーセント）、パートタイム労働者は七五八万人（全体の二五・二パーセント）にまで膨れあがっている。現在、労働の不安定化が非常に問題となっているが、その責任の所在は明らかにサッチャー時代の労働改革にある。

金持ち大減税

さらに、サッチャーは「金持ち大減税」を行なった。高額所得者や巨大企業に有利な税制を設定することによって、イギリスの経済活動を活性化させることを狙ったのである。一九八四年、サッチャーは法人税を改正し、企業への課税率を段階的に引き下げることを決定した。一九八六年までに、法人税は五〇パーセントから三五パーセントにまで下げられている。この法人税改正によって、巨大企業がより経済活動を行いやすい環境が整えられたことはまちがいないだろう。

また、一九八八年の予算編成で、サッチャーは高額所得者に有利な減税を行った。このとき、所得税は所得が一万九三〇〇ポンドまでは二五パーセント、それ以上は一律四〇パーセントの率の課税になっている。それまでイギリスの所得税は、所得一万七九〇〇ポンドまでは二七パーセント、二四〇〇〇ポンドまでは四〇パーセント、二万五四〇〇ポンドまでは五〇パーセント、四万一二〇〇ポンドまでが五五パーセント、それ以上は六〇パーセントの率で、累進的に細かく課税されていた。低所得者の所得税も多少は下げられているが、高額所得者の大減税と比べるならば、その差は歴然としているだろう。実際、課税所得二万ポンドの人びとの減額が五六八ポンドにすぎないのに対して、課税所得一八万ポンドの人びとの減額は三万三八八ポンドであり、その格差は五六八倍であった。

だが、所得税にしても法人税にしても、これだけ減税をおこなってしまえば、政府収入が激減してしまう。そこで、サッチャーは減税分を付加価値税（日本でいう消費税）によって穴埋めするという政策をとった。一九七九年、付加価値税の税率は八パーセントから一五パーセントへと大きく増加している。この税金は所得税と異なり、貧しい人でも大金持ちでも同じ額の税金が課せられる。つまり、所得税よりも付加価値税のほうが、貧しい人びとに不利な税金なのである。サッチャーの税制改革（法人税の減税、所得税の最高税率引き下げ、付加価値税の増税）は、一口で言って、「金持ち大減税」であったといえるだろう。

防衛費の増加

サッチャー政権の目標は、減税とともに「小さな政府」をめざした政府支出の削減にあった。だが、サッチャーは福祉予算の削減を望む一方で、軍人待遇の向上や軍備の拡張をはかろうとした。実際、労働党時代の五年間（一九七四年―七九年）とサッチャー時代の五年間（一九七九年―八四年）とで、GDPに占める防衛費の割合を比較すると、四・七パーセントから五・一パーセントへと激増している。当時、日本では、GDPに占める防衛費の割合が一パーセントを越えるかどうかで議論になっていたことを考えると、イギリスの防衛費〇・四パーセント増加という数値が、どれだけ大きかったのかということをうかがい知ることができるだろう。

本当のところ、サッチャーが本気で政府支出の削減をめざしたのであれば、軍事縮小は欠かせなかったはずである。だが、サッチャー政権にとって、国家予算を国防に回すことは、政権維持の不可欠な要素となっていた。とくにフォークランド戦争は、新自由主義改革への人びとの怒りを解消する役割を果たした。一九八〇年代始め、イギリスの失業者は増大し、三〇〇万人を越えるまでになっていた。サッチャー政権への非難も続出し、保守党支持率も下がり続けていた。だが、一九八二年、フォークランド戦争の勃発によって、サッチャー政権への人びとの不信感は一掃されることとなった。

この年、フォークランド島に不法侵入したアルゼンチン軍に対して、サッチャーはすぐさま宣戦布告し、大艦隊の派遣を決定した。「自由を守れ」「英国領土を守れ」と怒号するサッチャーに対して、反対したのは労働党左派の一部だけであった。議会では野党もふくめて、ほとんどが挙国一致で戦争に賛成し、国民世論も開戦で沸き立った。およそ二ヶ月の戦闘の後、多数の艦隊が犠牲になったものの、イギリスは戦争に勝利した。この強硬策を通じて、サッチャーは国民世論の圧倒的多数の支持を獲得し、異例の支持率七三パーセントを記録した。それまで、失業率の増加によって、支持率低下に悩まされていたサッチャー政権であったが、一九八三年、戦争終結後の総選挙では、経済低迷に対する国民不安など全く存在しないかのように圧勝した。サッチャー政権の軍備拡張は、まさに経済改革の負の側面を埋め合わせるためにおこなわれたのであった。

こうして命拾いしたサッチャーは、一九七九年—九〇年まで長期にわたってイギリスに君臨することになった。サッチャーの改革はサッチャリズムとよばれ、こんにちまで先進国における新自由主義の典型として知られている。時期を同じくして、サミットに参加する他の先進諸国も、イギリスと同様の経済改革をとげた。年数こそかかったものの、日本もはっきりと新自由主義への途を歩んでいる。以下では、日本の新自由主義を考察していこう。

日本の新自由主義

フリーター、ニート、ワーキングプア、ネットカフェ難民。近年、日本でも貧困問題が大きく取りざたされ、マスコミでもようやく国内の不平等化を進める政府の政策が新自由主義という用語で批判されはじめている。実際、国内の所得格差は、この一五年間で劇的に拡大しており、所得最下層二〇パーセントと所得最上層二〇パーセントの合計差で比較すると、一九八四年に一三倍であった格差は、二〇〇二年になると一六八倍にもなっている。政府は、こうした格差の原因は、高齢者で所得ゼロの年金生活者が増加したことにあると説明しているが、それだけでこれほどまで格差が拡がるわけがない。

世界各国と同じく、日本国内の不平等化は、あきらかにサミット体制の強化、つまり新自由主義政策の浸透によってもたらされたものである。

一九六〇年代後半から、日本でも巨大企業が海外展開するための下準備がなされはじめた。一九五五年にGATT(関税と貿易に関する一般協定)に加盟した日本は、徐々に経済の自由化を進めていき、一九六四年には**IMF8条国**への移行によって、経常取引にかかわる外貨取引規制を撤廃するとともに、OECD(経済協力開発機構)加盟によって「直接投資の自由化」も推しすすめた。実際、一九六〇年代半ば、日本の製造業界では、国際競争力をつけるために大規模な企業合併がつぎつぎと実施され、海外展開のための足固めがなされた。一九七〇年代になると、日本企業は東南アジアを中心として、いっせいに海外展開に動きだしている。サミット体制の主要なアクターとして、日本でも国内市場の開放によって、多国籍企業のための経済環境作りがはじめられたのであった。

IMF8条国
IMF協定第8条を受諾した国のこと。第8条には、国際収支を理由に為替管理を行わないという規定が盛りこまれていた。

一九八〇年代になると、日本でもサミット体制は新自由主義の名のもとに強化されるようになる。一九八二年に発足した中曽根内閣は「戦後政治の総決算」を掲げて、国鉄、電電公社の民営化をふくむ大規模な行政改革に着手した。この内閣では、GATTウルグアイ・ラウンドでの交渉のもとに、米もふくめた輸入農作物の自由化も進められている。中曽根のブレーンには新自由主義理論の担い手たちが結集しており、同時代のサッチャー、レーガン政権とならんで、日本の新自由主義の起点であったといえる。一九九〇年代にはいると、「聖域なき規制緩和」が開始され、金融、その他の産業規制が緩和されるとともに、派遣労働法の改正によって労働の柔軟化も推しすすめられた。二〇〇一年になると、小泉内閣が発足し、それまでスピードの上がらなかった日本の新自由主義化がいっきに遂行されることになる。以下では、日本の新自由主義について、詳しく検討してみよう。

輸入農産物の自由化

こんにち、日本の農業は危機に瀕している。農業人口は五パーセントを切っているし、農地面積にしても一九六一年に六〇八万六千ヘクタールあった農地が、二〇〇一年になると四七九万四千ヘクタールへと、一二九万二千ヘクタールも減少している。一二九ヘクタールとは、青森、岩手、秋田、宮城、山形、福島の六県に、茨城、栃木、群馬の北関東三県を加えた農地面積に匹敵する大きさである。食糧自給率の低下も著しく、カロリーベースで計算した自給率は四〇パーセントと、これまた主要先進諸国のなかで最下位という結果になっている。穀物自給率は二八パーセントにすぎないし、新鮮さが要求される野菜の自給率にしても、一九六五年を一〇〇としたら二〇〇一年には八二にまで激減している。原因はどこにあるのだろうか。もちろん、高度経済成長期の都市化が有力な原因であることはまちがいないが、一九八〇年以降の農業の衰退を考えるならば、新自由主義政策の一つとして推進されてきた「輸入農産物の自由化」が大きな原因であることはまちがいない。

輸入農産物が激増したのは、一九八〇年代半ばである。直接のきっかけとなったのは、一九八五年九月の**プラザ合意**である。プラザ合意とは、当時問題となっていたドル高を是正するために、アメリカ、イギリス、ドイツ、フランス、日本の五ヶ国の蔵相と中央銀行総裁が、プラザホテルで行なった取り決めである。参加各国は自国通貨を切り下げ、為替水準を世界経済にとって適切な水準に設定しようとした。プラザ合意の結果、円高ドル安がいっきに進むことになった。もともと、一ドル二三〇円台だった相場は、同年一一月には一ドル二〇〇円ほどになり、一九八七年一一月には一ドル一五〇円になっている。これによって、アメリカは輸出競争力を高め、日本に入ってくる輸入品は急激に安くなった。とくに輸入農産物が急増し、一九八五年を一〇〇とするならば、一九八八年には一四〇・五にまで増えている。これにともなって、食糧自給率も一九八五年に五三パーセントだったのが、一九八八年には四九パーセントと、五〇パーセントを切ってしまった。

同時期の一九八六年にはGATT**ウルグアイ・ラウンド**が開始される。GATT（関税および貿易に関する一般協定）とは、第二次世界大戦後、IMFや世界銀行とともに、自由貿易の促進を目的として設けられた国際条約である。ウルグアイで開始された一九八六年からの交渉は、それまで取り上げられなかった農業、金融、保険、通信、サービス、知的所有権などの新しい議題が加わった点に特徴があった。農業にしぼっていうならば、日本はこの交渉で米以外の「輸入農産物の自由化」を受けいれることになった。

米については、特例措置として**ミニマム・アクセス**が認められ、日本は自由化を避ける代わりに、国内消費量の一定割合の輸入を義務づけられることになった。消費量の四パーセント、四〇万トンの輸入からはじめて、段階的に輸入量を増やし、二〇〇〇年までに消費量の八パーセント、八〇万トンへとつり上げることが決定された。一九八〇年代半ば以降、円高ドル安に加えて、こうした自由化の影響によって、輸入農作物が激増することになった。

また、ウルグアイ・ラウンドの合意では、農産物の価格政策、各種の助成措置、食品の安全基準、農薬の使用基準などの国内政策にも、国際的な縛りがかけられることにな

プラザ合意
一九八五年九月二二日、アメリカ・ニューヨーク市のプラザホテルで、G5（先進五ヶ国蔵相、中央銀行総裁会議）が発表した為替レートにかんする合意。

ウルグアイ・ラウンド
GATTでは、加盟国が集まり、数年間、貿易問題を交渉する場（ラウンド）が全部で八回もうけられた。このうち、一九八六年にウルグアイではじまり、一九九四年に終結したラウンドのことをウルグアイ・ラウンドという。

ミニマム・アクセス
毎年義務づけられた最低輸入量のこと。

った。これによって、たとえば日本一国で保護的な価格を設けたり、厳しい安全基準を設けたりすることは、**非関税障壁**として撤廃の対象となった。一九九四年にウルグアイ・ラウンドが完全に合意に達すると、一九九五年にはＧＡＴＴはＷＴＯ（世界貿易機構）へと改組された。参加国が増加し、多角的な貿易交渉がおこなわれるにつれて、単なる国際条約であるＧＡＴＴを越えて、強い権力をもった国際機関の設置が要求されたのであった。ＷＴＯは加盟国一四〇ヶ国を有し、しかも貿易上の紛争を裁定して制約を課すことができる。一九九五年以降、自由貿易はＷＴＯの交渉で強力に推進されていくことになる。

ＷＴＯの交渉にあわせて、日本政府は率先して農業を自由貿易に適合的なものへと再編しようとしてきた。一九九九年、従来の農業基本法が改正され、「食糧・農業・農村基本法」（新農業基本法）が制定された。この法律では、農業へのさらなる市場原理の導入や、農産物の価格支持政策の縮小、農業生産への企業参入の促進などが盛り込まれた。政府が価格決定に介入することをやめ、価格決定を市場に委ねる、そうすれば消費者が好むものであれば価格が上がり、好まないものであれば価格が下がることになって、生産者は消費者が好むものだけを競争で作るようになる、その結果、そこにはビジネスチャンスが生まれるから、他産業からも企業が参入してさらなる競争が生まれ、国際競争力のあるよりよい生産がおこなわれることになる。新農業基本法は、このような論理にもとづいて制定されたのであった。

新農業基本法が実施されるにつれて、ただでさえ生活の苦しかった日本の小規模農家は、農作物の安売り競争にさらされ、さらなる苦境に耐えなくてはならなくなった。競争について行けない生産者は淘汰されてしまう。とくに国内に大量の輸入農産物が流入することは、米農家にとっても野菜農家にとっても、より激しい生産競争がはじまることを意味していた。アメリカの稲作農家の生産規模は日本の数十倍あるし、中国農家の生産規模はそれほど大きくないが、労働コストは日本の数十分の一である。これでコスト争いをさせようとするほうが、どだい無理な話である。実際、輸入農作物の増加にともなって、自給率がどんどん下がり続けている。「輸入農作物の自由化」政策は、日本の農家の生活破壊になっている。

非関税障害
関税以外の方法で、貿易に制限を課すこと。輸入の数量制限、国内助成金、衛生検査など。その他、労働規制、環境規制、宗教規制などもふくまれる。

また、日本の「輸入自由化」政策で被害を受けているのは、日本農家ばかりではない。現在、日本の農産物輸入国のトップは中国であるが、その主役は日本のスーパーマーケットや商社、食品会社である。中国の農家は日本企業と契約を結んで生産を行い、日本企業が地元企業と合弁で作った工場へと収穫物を出荷し、そこで冷凍食品へと加工されて日本に輸入される。一九八〇年代半ばから、日本企業は安価な農産品を獲得するために、中国でこうした手法を定着させてきた。上海近郊の沿岸部には日中合弁の食品工場が数百社も立ちならび、フローズンベルトとよばれる工業地帯が生まれるまでになっている。こうした日本企業の進出によって、一部の中国農民は生活が潤い、大御殿を建てる者もあらわれたというが、ほとんどの農民の生活は貧しくなる一方であった。日本の企業同士の生産競争がもちこまれ、中国農民は過剰生産と値引き競争をおこなわざるをえない。中国野菜の輸出価格は全般的に下落し、生産縮小をおこなわざるをえない農村さえあらわれている。しかも、コスト削減のために大量の農薬をまき散らすため、食の安全とともに、中国の土壌が破壊される危険にさらされている。「輸入農産物の自由化」は、まさにかかわる国すべての農業を破壊している。

公共部門の民営化

一九八〇年代から、日本でも公共部門の民営化が実施されはじめた。なかでも、中曽根政権時代におこなわれた電電公社（一九八四年）、日本専売公社（一九八五年）、日本国有鉄道（一九八七年）の民営化や、小泉内閣のもとでおこなわれた郵政民営化は、その代表的な事例であった。本書では、日本の新自由主義をばく進させるうえで大きな転機となった国鉄の分割・民営化を例にとってみよう。政府は、国鉄民営化によって、当時日本で最大勢力をほこっていた国鉄労働組合（国労）をたたきつぶし、日本の労働運動全体を弱体化させることを目的としていた。一九九〇年代から、企業ではリストラが横行し、労働の不安定化が進むことになるが、戦後日本の労働運動をリードしてきた国労の解体は、まさにその必要条件であった。

一九八〇年七月、大平首相の急死をうけて成立した鈴木内閣は、オイルショック後の不況対策でたまった赤字国債の削減と財政再建をかかげて、第二次臨時行政調査会（第二臨調）を設立した。一九八一年三月に発足した第二臨調は、経団連名誉会長の土光敏夫を会長にすえて、つぎつぎと行政改革の答申をだしていった。第二臨調の改革プランは、新自由主義そのものであった。「活力ある福祉社会」をかかげたそのプランは、「民間の創造的活力をいかし、適正な経済成長を確保する」ことをうたっており、行政を民間企業にゆだねて事業運営の効率化をはかるべきだと主張していた。一九八二年一一月、鈴木内閣をひきついだ中曽根内閣は、第二臨調の答申をさらに進め、国鉄・電電・専売の三公社の民営化を支柱とした行政改革にとりくむことを約束し、これを「戦後政治の総決算」とよんだ。

そして、政府にとって最大の焦点になったのが、国労をかかえる国鉄の民営化であった。当時、国労は組合活動の成果として、現場レベルで労使の協議制度を勝ちとり、人事・昇給から列車のダイヤ編成にいたるまで、経営に口をはさめるようになっていた。国鉄の職場には、労働者が自分たちの働き方を自分たちで考える労働者の慣習が培われていたのであった。だが、こうした国労のとりくみは、国鉄のみならず日本の経営者全般に危機感をつのらせていた。このころ、日経連の大槻会長は、『日経連タイムス』(一九八一年七月三〇日)のなかで、次のように述べている。先進国病の指摘される他の先進国と比べて、日本人はよく働き、生産性が高いといわれるが、それは民間企業だけのこと、公共部門は「著しい非効率と高コスト」をさらけだしている、だから日本でもいま行政改革によって公共部門を効率化することが必要なのである、と。日本の経営者たちは、「先進国病の予防」のためにも民営化を実施し、公共部門に企業意識を注入しなくてはならないと考えていたのであった。

企業の意図に沿うかのように、マスコミはいっせいに国労バッシングをはじめた。一九八二年下旬、朝日新聞が東海道・山陽線の夜行列車の検査係にかかわるヤミ手当を暴露してから、マスコミは毎日のように国鉄にまつわるヤミ手当、ヤミ休暇、時間内入浴、ポカ休（突発休）などを批判するキャンペーンをはった。そして、こうした世論の後押しをうけて、政府は国鉄再建小委員会を設置し、国鉄民営化にむけて動きはじめた。小委員会は、国鉄の経営悪化は「ヤミ協定、悪慣行の蔓延など職場規律の乱れ」によってもたらされたと主張し、国鉄の労資関係を容易に批判することができたのであった。

一九八二年、攻撃にさらされた国労は、もともと経営者寄りであった鉄労をのぞく国鉄内の他の三労組（動労、全施労、全動労）によびかけ、共闘会議を組織した。そして、ともに政府の提示する分割・民営化に反対し、代案を示そうとこころみた。一九八五年になると、当時の最大**ナショナルセンター**であった総評が乗りだし、分割・民営化を阻止するための五〇〇〇万人署名運動をはじめている。このとき、同じく総評傘下にあった国労と動労は、ともに協力して署名活動にあたっていた。だが、新会社案が発表され、人員の大規模リストラがはかられることが知れわたるにつれて、こうした共闘にヒビがはいっていく。決定的な転機となったのは、一九八六年一月に、国鉄当局が発表した「労使共同宣言」の締結問題であった。「共同宣言」には、人員の合理化にあたって労使が一致団結し、ともに新事業体をつくっていくということが盛りこまれていた。この宣言がだされるやいなや、鉄労、全施労、動労はすぐさま調印に応じた。動労は一人の組合員も路頭に迷わせないという立場からこうした動きをとったが、ほんの先刻までともに署名運動をおこなっていた国労にとって、それは裏切り以外のなにものでもなかった。

「共同宣言」を拒み、孤立した国労からは脱退者があいつぎ、一九八六年四月には脱退者による真国労が結成される。そして同月、鉄労、動労、全施労、真国労は、国鉄改革労組協議会（現ＪＲ総連）を結成し、分割・民営化を支持する「第二次宣言」に調印している。とくに、動労の動きはきわだっており、自分たちの役割は国労解体を推進し、新事業体における労資関係づくりを進めることだということを公然と打ちだした。さらに、国労内部でも雇用と組織を守るためには「共同宣言」をうけいれる必要があるという人びとと、それに反対する人びとのあいだに対立が生じていた。一〇月、修善寺でひらかれた国労臨時大会では、執行部が「共同宣言」への調印が提起したが、反対派は一八三票対一〇一票でこれを否決し、国労はあくまで分割・民営化に反対して闘いぬくことが決定された。だが、意見対立は深まり、「労使関係の正常化」をもとめるグループは、一九八七年、新会社に対応して鉄産労を結成し、その連合体である日本鉄道産業労働組合総連合（鉄産労連）を結成した。こうして、国労は完全に孤立を強いられ、第一組合の立場から転落していったのであった。

国労組合員にたいする国家の弾圧は熾烈をきわめた。一九八六年七月、国鉄当局は余剰人員を整理するためとして、全国一〇〇〇箇所に「人材活用センター」を設置した。およそ二万一千人が選別され、その大半が国労組合員であった。かれらはボロボロな建物に隔離され、まともな仕事があたえられずに飼い殺しにされた。ある者は廃レールで一の文鎮づくりを強制され、またある者はえいえんと草むしりを強制された。その後、一

ナショナル・センター
労働組合の全国中央組織。

二月になると、新会社への移行準備がはじまる。だが、ここでも国労は手痛い打撃をうけることになった。新会社ＪＲには、採用を希望しながらも不採用になった職員が約六九〇〇人おり、国鉄清算事業団に送られたが、そのうち約七割が国労組合員であった。国労は、これが不当労働行為にあたるとして、ＪＲ各社を相手に地方労働委員会に訴えをおこした。これにたいして、ＪＲ各社は不採用になった人びとはＪＲの社員ではないので、不当労働行為にはあたらないとして訴えの却下をもとめたが、結論のだされた三五の判決において、ＪＲ各社の不当労働行為が認められた。もっとも、地労委の判決いかんにかかわらず、国労組合員の大勢が不採用とされ、あるいは不採用を恐れた組合員の多くは国労を脱退する道をえらんだ。日本政府は「国家的不当労働行為」とでもいうべきこうした手法をもちいて、労働運動の主力であった国労をたたきつぶしたのである。国労解体はまちがいなく日本の労働規制を緩和することにつながり、労働の柔軟化を進めるための踏み台となった。

また、国鉄の分割・民営化は、労働組合を解体させたばかりでなく、公共サービスとよばれる理念とシステムを解体させた。公共サービスとは、人が最低限度の生活を営むために、「誰にでもあまねく平等に」提供されなくてはならない基礎的なサービスのことである。運輸、通信、電気、水道、教育、医療、保険など、生活インフラにかかわる分野のサービスがこれにあてはまるとされ、政府の介入によって無償あるいは低価格で、人びとに提供されることが慣行とされてきた。だが一九八〇年代から、社会全体に市場原理を導入しようとする日本政府にとって、こうしたサービスの存在はジャマ以外のなにものでもなくなった。政府は、国営企業、あるいは公社を民営化し、あらゆる分野のサービスに企業の論理をあてはめようとしたのであった。国鉄の場合、それは赤字路線の廃止というかたちで進められた。一九八一年から、国鉄は三次にわたって廃止路線を選定し、最終的には八三線が廃線あるいは第三セクターになった。とくに、北海道の名寄、音威子府のように、国鉄を基軸として産業が成りたっていたところでは、国鉄廃線の打撃は非常に大きかった。これらの町では、文字どおり生活インフラが失われ、大幅に人口が減ってしまったのである。国鉄の民営化は労働破壊と同時に、一つの町、村の生活を破壊したであった。

規制緩和

一九九〇年代後半、民間活力を導入し、市場経済の効率化をはかるとして、様々な産業分野への政府規制が緩和された。だが、政府の規制が効かなくなったことによって、人びとの安全を脅かすような事件が多発することになった。二〇〇五年に発覚した「耐震偽装事件」は、その一例である。一九九八年、規制緩和を目的として、建築基準法の改正がおこなわれた。この改正は一九五〇年の法律制定以来、およそ半世紀ぶりのもので、非常に大きな変更点がおこなわれた。改正のポイントは、以下の三つであった。

1 容積率の緩和
2 仕様規定から性能規定へ
3 建築物検査の民間開放

まず、大都市のマンション建設の許容容積率は大きく拡大した。隣り合う敷地を一つの敷地と見なし、大きなビルを建てやすくもした。次に、それまで建築材料や工法などを行政が細かく決定していた「仕様規定」から、一定の基準を満たせばそれでよしとする「性能規定」への変更がおこなわれた。そして、建築物の検査に民間参入を認め、スピード検査を可能にしたのであった。もともと、建築基準法改正のきっかけは、一九九五年の阪神淡路大震災であり、多くのビルが倒壊したことから、耐震基準を見直すという趣旨をもっていた。だが、このときすでに、国や自治体がおこなう建築物の検査は市場経済の障壁になるという風潮が流通しており、また自治体職員の検査員だけでは膨大な量の検査をさばききれなくなっていたこともあって、検査を「民間開放」したのであった。

実際に、民間参入を認めたことによって、検査のスピードは飛躍的にアップした。しかし、その結果、安さを要求する市場の圧力に押されて、鉄筋の量を落とし、柱や梁も細くして、安全と引き換えに建築費を抑えたマンションやビルが建てられるようになった。検査機関が甘くなるのであれば、当然ながら安全基準は、建築士個人の肩にかかることになる。むろん、そこには建築材料をできるだけ浮かそうとする大手建築会社からの圧力がかかることになる。こうして、二〇〇五年に発覚した「耐震偽装事件」が生じた。当時、一級建築士であった姉歯秀次が、発注主である木村建設の要求に応えるために、計算をごまかして耐震強度の偽装をおこなっていたのであった。しかし、あからさまな鉄骨量の減量にもかかわらず、民間検査機関・イーホームズは耐震強度のごまかしに全く気付かなかった。姉歯自身、イーホームズの検査の甘さを利用して、耐震強度の偽造を行ったと述べている。「耐震偽装事件」は、建築安全基準の規制緩和により、起こるべくして起こった事件なのである。

労働の柔軟化

一九九〇年代後半から、労働の柔軟化がいっきに進められた。それは、日本企業にとって、いつでも使い捨て可能な労働力が手にはいることを意味していた。労働の柔軟化に向けての、日本企業の意図がはっきりとあらわれたのは、一九九五年、日経連の『新時代の「日本的経営」』であった。この報告書で、日経連は将来の日本の労働者を三つの類型に分類している。

1　長期蓄積能力活用型グループ
2　高度専門能力活用型グループ
3　雇用柔軟型グループ

一つ目のグループは、従来のような終身雇用型のホワイトカラー層であり、数的には減少する傾向にあるとされた。二つ目と三つ目のグループは、どちらもフレキシブルな働き方をする労働者層であり、二が「専門能力」をもった契約労働者であるとしたら、三は「単純労働」のアルバイト層であるとされた。現在までに、日本企業では大規模なリストラが横行し、一のグループが減少するとともに、代わりに二と三のグループが激増している。「高度専門能力」「雇用柔軟型」というと聞こえはいいが、その圧倒的多数は低賃金で働く、いつ企業に首を切られてもおかしくない不安定な労働者であった。

日本企業の意図に沿って、一九九〇年代後半から、日本政府も労働法制の規制緩和にのりだした。なかでも象徴的な意味をもったのが、派遣労働法の改正であった。もともと、派遣労働は原則禁止とされていた。雇用者と、実際に働いて指示を受ける会社とが違うことで、様々な弊害が生じると考えられたからである。たとえば、戦前には建設現場において暴力団が労働者を囲い込み、労働派遣をおこなって給料をピンハネするということがたびたびあった。そこで、戦後の日本では派遣労働を禁止し、正社員の雇用を核とした雇用慣行をしいたのであった。この雇用慣行は労働者を極度に会社に縛りつけるという負の側面をもっていたが、もう一方で、労働者に長期雇用を保障し、個人にライフプランをあたえるという側面ももっていた。

一九九〇年代になると、政府やマスコミを中心に、派遣労働の禁止は労働者の自由を奪う「規制」であるというキャンペーンがはられた。派遣労働を開放すれば、会社を自由に選択できるようになるし、自由な時間に働けるようになると宣伝されたのであった。一九九六年、労働者派遣法の改正により、それまで秘書や通訳など一六種の専門業種に限定されていた派遣の対象業務を二六種に増やし、一九九九年には一部の業種を除いて原則自由化した。二〇〇四年になると、派遣労働の期間を一年から三年に拡大し、それまで除外されていた製造業への派遣も認めるようになった。派遣労働を規制緩和し、それをきっかけとしてフレキシブルな働き方をする人びとを増加させようとしてきたのであった。

もちろん、政府が推奨してきたのは派遣労働ばかりではない。同じころに、政府は「**フレックスタイム制**」「**裁量労働制**」「パート労働法」などの労働法制を整えている。これらの法律を通じて、政府はアルバイト、契約労働などの働き方も助長してきたのである。実際、この一〇年間で、非正規労働者（アルバイトや派遣労働者）の数は急増している。一〇年前には、全労働者の約二割、一〇〇〇万人ほどであった非正規労働者は、二〇〇三年には三割を越え、二〇〇六年には一六六三万人になっている。反対に、正規労働者（正社員）の数は減る一方であり、一〇年前には全国で三八〇〇万人の人びとが正社員として働いていたのが、二〇〇六年には三三四〇万人にまで減少している。

しかも、政府やマスコミのキャンペーンとはうらはらに、派遣やバイトの働き方は労

フレックスタイム制
一ヶ月以内の一定期間で総労働時間を定めておき、その範囲内で自由に始業時間と就業時間を決めることができるという制度。

裁量労働制
働く方法、時間を労働者の裁量にゆだねる制度。あらかじめ、経営者とのあいだに働いたとみなす「みなし労働時間」を定めておき、その分の給料をもらう。たいていの場合、経営側に有利であり、労働者にとっては労働時間が長くなり、残業代が出なくなるということが多い。

働者の自由を奪うものでしかなかった。賃金（二〇〇六年）を見ても、正社員の平均年収が四五四万円であるのに対して、派遣社員が二〇四万円、アルバイトが一一〇万円である。派遣やバイトの場合、賃金が少ないばかりでなく、年を重ねても賃金が上がることはない。厚生年金や各種保険などの労働条件でもハンデを負っているし、労働組合に加入している人もきわめて少ない。誰がどう見ても、「労働の柔軟化」は労働者の自由を増したのではなく、安価な使い捨て労働力をもとめていた日本企業の自由を増し、日本国内の貧富の格差を拡大させたのであった。ワーキングプア、ネットカフェ難民に象徴されるような貧困問題は、明らかに日本政府の労働の柔軟化政策によって引き起こされた問題である。

先進諸国とG8サミット

以上、イギリスと日本を取り上げて、先進国の新自由主義の問題を見てきた。どちらの例をみても、一九八〇年代から、国内の大勢の人びとを犠牲にしながら、巨大企業が経済活動を行いやすい環境が構築されてきたといえるだろう。近年では、多くの国々で新自由主義に対する反発が高まり、政権交代の起こった国も少なくない。イギリスでも、イタリアでも、ドイツでも、「社会民主主義」を掲げる政党への政権交代が起こっている。だが、どんな政権に変わったとしても、新自由主義路線が揺らぐことはなかった。イギリスにしても、この数年、サッチャリズムを批判して、「第三の道」を掲げた労働党のブレアが政権を握ってきたが、政策の軸から市場原理が消えることはなかった。なぜだろうか。なぜ、多くの国々で新自由主義への批判が高まっているにもかかわらず、政策の路線転換が行えないのだろうか。

答えは簡単である。G8サミット体制があるから政策転換が行えないのである。サミットは成立当初から、巨大企業のための市場整備、こんにちでいうところの新自由主義を推進する役目をおってきた。毎年、ここで取り決められてきた合意は、当然ながら、その年の政権ばかりでなく、引き継がれた政権にも波及してくる。また、G8サミットでの合意は、一国ばかりでなく、G8諸国全体、あるいは第三世界もふくむG8の影響下にある全世界の合意にもなる。こうした合意から、一国だけ突如として抜けだすのは、きわめて困難な作業だといわざるをえない。サミットの合意こそが各国独自で新自由主義から離脱するのを拒んでいる。サミット体制があるかぎり、まちがいなく新自由主義の問題は解決されない。

また、サミットで交わされる合意が拘束力をもつのは、経済の問題ばかりではない。それはこんにちの戦争にも影響をあたえている。たとえば、イラク戦争のとき、アメリカは国連の反対をおしきって、単独行動主義をとったといわれている。だが、アメリカは文字どおり単独で戦争に踏みきったわけではない。その背後には、世界の市場開放を要求しようというサミットでの自由貿易の合意と、テロとの戦争についての安全保障上の合意があった。国連を超越したサミットという存在があったからこそ、何の正当性もない戦争を敢行することができたのである。Ｇ８サミットは、まちがいなくアメリカの単独行動主義を補完する役割をはたしている。

【コラム　世界の暴動④】韓国人は怒っている

「香港　WTO閣僚会議　韓国人が大暴れ」。二〇〇五年一二月、世界中のメディアが韓国の人びとの「暴動」にくぎづけになった。一二月一三日、WTO閣僚会議の開催日であったこの日、香港には抗議活動のために世界中から五千人もの人びとが結集した。香港での開催ということもあってアジアからの参加者が多く、とくに韓国からはおよそ七〇〇人の農民、漁民、労働者が派遣されていた。この日、香港市内では統一デモが開かれていたのだが、デモの終結近くになって世界中のメディアが韓国派遣団の行動に度肝を抜かれることになった。デモの到達地点となったのはワンチャイ湾付近。ちょうどWTOの会場となったコンベンションセンターがよく見える場所であった。

その場所まで、韓国派遣団は二〇〇三年のWTO閣僚会議に抗議して自殺した農民、イギョンへさんの遺影をかかげた御輿を粛々と担いでいた。もちろん、ただおとなしくしていたわけではない。到達地点までやってくると突然、韓国派遣団は猛烈なかけ声をかけて御輿に火を放ち、それを警官隊に投げつけた。その後、当然ながら警官隊とのもみ合いになる。だが、実はこの行動は陽動作戦。警官隊が火に気をとられているあいだに、救命具を身にまとった約一〇〇名の韓国の農民たちがワンチャイ湾に飛び込んだ。WTOの会場まで、泳いでいこうとしたのである。韓国派遣団のこの奇抜な抗議行動は、世界の人びとを驚かせ、メディアの注目を集めることに成功した。

抗議行動がさらに過熱化したのは、一二月一七日のことだった。この日は翌日がWTO会議の最終日ということもあって、交渉を成立させないために、もっとも激しい抗議行動がくまれた。昼過ぎからはじまったデモにおいて、韓国の派遣団はいくつかの部隊にわかれて、波状的に警官隊の阻止線を突破しようとした。パニックにおちいった香港警察は、あたり構わずデモ隊に目つぶしスプレーを浴びせかけ、催涙弾を打ちこんだ。だが、韓国派遣団も負けてはいない。ゴーグルを装着し、あるいはサランラップで目を隠し、目つぶしを避けながら警官隊にぶつかっていった。こうした行動は功を奏し、夜までには他のアジア諸国の人びともふくめて、およそ一〇〇〇人がWTOの会場付近までたどり着くことができた。そこまでくると、韓国派遣団はいっせいに座り込みをはじめ、WTOへの抗議のアピールを行った。座り込みは朝まで続行され、耐えかねた香港警察は座り込み参加者の一〇〇〇人全員を拘束するという暴挙にでた。だが、朝まで貫徹されたこの日の行動は、韓国の農民、労働者が本気で怒っていることを世界に訴えるのに、十分なインパクトをもっていた。

第三章でふれたように、ＩＭＦの介入後、韓国では「労働の柔軟化」が進展し、非正規雇用の増加、失業率の拡大に悩まされてきた。だから、韓国の人びとにとって、ＷＴＯ交渉を妥結し、「自由貿易」の原則に忠実になることは、さらなる労働破壊を招くこと以外のなにものでもなかった。また、農業の情勢も、日本と同じく小規模農家の多い韓国では劣悪である。カロリーベースの自給率にしても、韓国は四九パーセントと、先進国では日本についで最低水準であるし、耕作面積も年々、減り続けている。いまでさえ、アメリカや中国との価格競争にさらされ、やっていけなくなった農家も大勢いる。そんな状況にあって、韓国の農家が完全な自由競争にさらされたら、ひとたまりもなく潰されることは誰の目にもあきらかだろう。「ＷＴＯは農民を殺す」。この言葉には真実味がある。ＩＭＦ介入後、労働破壊、農業破壊にさらされた韓国では、巨大企業の利益ばかりを優先し、圧倒的多数の人びとを犠牲にする「自由貿易」の原則は、文字どおり怒りの対象にさらされた。香港での韓国派遣団の華々しい活躍には、韓国の人々の自由貿易体制にたいする深い不信感と怒りが秘められていたのである。

おわりに

本書は、サミット体制という概念を紹介し、おもにその問題点を指摘してきた。こうした論じ方にたいして、一面的ではないかと批判する人もいるかもしれない。筆者はそうした指摘を否定しない。だが、現代を生きる人であれば、おそらく誰もが何かしらサミット体制のもとで、生活に不安をいだいていることだろう。一九七〇年代から、本書がサミット体制とよんできた世界秩序は、多国籍企業の利権を保護し、第三世界や先進国の人びとを貧困におとしいれてきた。一九八〇年代になると、サミット体制は新自由主義の名のもとに強化され、世界中で労働破壊、農業破壊、公共サービス破壊が進められてきた。第四章で紹介したように、こんにちでは日本でもほとんどの人びとが国内の貧困問題に違和感をいだくようになっている。

注目したいのは、とくに不安定な労働環境にさらされている若者を中心として、日本のプレカリアートたちが政府や企業への怒りを噴出させはじめていることだ。フリーター、派遣社員、女性たちが自分たちの労働組合を結成し、独自のネットワークを作りあげていく。これまで組合活動の対象にもならなかったような有象無象がどこからともなくわきあがり、自分たちでアクション、イベントを企画していく。エネルギーにあふれたその活動は、大きなナショナルセンターをも突き動かし、すでに日本の労働運動の主力となっている。

もちろん、こうした状況は日本だけでおきていることではない。いくつかのコラムで紹介したが、一九九〇年代半ばから世界中でたびたび新自由主義への激しい怒りがわきあがり、それはときとして暴動というかたちをとって顕在化してきた。どんな権力機関も統御することが不可能であるような《群衆》としかよびようのない人びとがひきおこす暴動。アクションの形態はまちまちであるが、どんな暴動もサミットが作りあげてきた多国籍企業の支配に異議申立てをしている点で共通している。世界の《群衆》が、サミット体制に本気で怒っている。

「はじめに」で述べたように、こんにちサミットは開催のたびに大きな抗議行動のまとになっている。理由は明確である。サミットがサミット体制の象徴だからである。いま大きなメディアを通じて、日本でもサミットにかんする情報がひろく流通している。だが、その論調は「かわいそうな第三世界の人びとを主要国首脳が救おうとしている」というものだ。アフリカの貧困問題、第三世界の債務問題、サミットの主要テーマであるこれらの問題にしても、それがサミットを媒介として意図的に作りあげられたものであることや、サミット参加国自身も新自由主義政策をとることに合意し、その合意のもとで国内の貧困問題を作りあげてきたという事実は無視されつづけている。サミットで暴動をおこす若者たちが、「何も関係ないのに、ただ暴れたいだけの不良」であるとみなされるのも、そうした無理解によるものだ。本当のところ、サミットで抗議行動に参加していた欧米の若者たちには、日本で貧困問題に苦しむ若者たちと共通の境遇と感情がある。きっと第三世界の人びとにだって共通するものがあるだろう。サミット体制のもとで流通している情報の枠組みを飛びこえて、世界の、日本の《群衆》に共感するための想像力を働かせること。本書が、そうした作業のための、ちょっとした手引きにでもなればと、筆者は切にそう願っている。

サミット体制をもっとよく知るための文献案内

＊以下は，本書を執筆するために参考にさせていただいた文献のリストです．
サミット体制をもっとよく知りたいという方には，ぜひご一読をお勧めします．

グローバリゼーション入門書

アントニオ・ネグリ，マイケル・ハート
『〈帝国〉――グローバル化の世界秩序とマルチチュードの可能性』
（水嶋一憲ほか訳，以文社，2003年）
1970年代に変革をむかえた世界秩序．本書はそれを「帝国」という概念をキーワードに壮大なスケールで読み解いている．グローバリゼーション研究の必須文献．

ウォールデン・ベロー
『脱グローバル化――新しい世界経済体制の構築へ向けて』（戸田清訳，明石書店，2004年）
先進国と第三世界の不平等な世界秩序．本書は，それをＩＭＦ，世界銀行，サミット，ＷＴＯなどの超国家的アクターとの関係で明快に論じている．

デヴッド・ハーヴェイ
『新自由主義――その歴史的展開と現在』（渡辺治監訳，森田成也ほか訳，新評論，2007年）
こんにち世界中に浸透している新自由主義．本書の特徴は，世界各国の政治過程のなかで，新自由主義がどのように推進されてきたのかを解説している点にある．

サミットの解説書

ノーム・チョムスキー，スーザン・ジョージほか
『Ｇ８――Ｇ８ってナンですか？』（氷上春奈訳，ブーマー，2005年）
チョムスキー，スーザン・ジョージといった著名な学者，活動家たちが，Ｇ８の問題点を課題別に指摘する．

高瀬淳一
『サミット――主要国首脳会議』（芦書房，2000年）
サミットの意義に注目した一書．サミットの問題点を指摘していないところに問題はあるが，世界政府・サミットの役割を概観するには，お手軽な一冊である．

ＩＭＦ，世界銀行と第三世界

ミシェル・チョスドフスキー

『貧困の世界化――IMFと世界銀行による構造調整の衝撃』（郭洋春訳，柘植書房新社，1999年）

ＩＭＦ，世界銀行を知るための基本文献．構造調整が第三世界にどのような被害をおよぼしたのかを実例をあげて解説している．

ダミアン・ミレー，エリック・トゥーサン

『世界の貧困をなくすための50の質問――途上国債務と私たち』（大倉純子訳，柘植書房新社，2006年）

ＩＭＦ，世界銀行による構造調整の強制．それは第三世界のかかえる巨額の債務を利用して実施された．本書は，そのメカニズムをＱ＆Ａ形式で解説する．

内橋克人，佐野誠編

『ラテンアメリカは警告する――「構造改革」日本の未来』（新評論，2005年）

ラテンアメリカは新自由主義の成功例と目されている．本書は，その実態を紹介し，新自由主義が日本に導入されることへの警告を発している．

イギリスと日本の新自由主義

森嶋通夫

『サッチャー時代のイギリス――その政治，経済，教育』（岩波書店，1988年）

1979年，サッチャーが政権を握ってから，イギリスの政治経済がどのように変質したのか．本書はそれを概観し，問題点を指摘している．

内橋克人

『悪夢のサイクル――ネオリベラリズム循環』（文藝春秋，2006年）

小泉内閣によって進められた日本の新自由主義改革．本書は，その多岐にわたる事例をひじょうにわかりやすく紹介している．

大野和興

『日本の農業を考える』（岩波書店，2004年）

危機に瀕している日本の農業．本書の特徴は，新自由主義的な農政改革という視点から，その問題を考えている点である．ＷＴＯ，ＦＴＡ，ＥＰＡの解説書としても最適．

新自由主義の権力を読み解く

酒井隆史

『自由論——現在性の系譜学』（青土社，2001年）

自由，自己責任．本書は，新自由主義がふりまく世界観を鋭く分析し，その問題点を明晰に指摘した画期的な一書である．

渋谷望

『魂の労働——ネオリベラリズムの権力論』（青土社，2003年）

こんにち日本の労働環境は新自由主義的なものに変化している．本書は，こうした労働環境のもとで労働者がどのような矛盾をかかえているのかを平易に解説している．

白石嘉治，大野英士編

『ネオリベ現代生活批判序説 増補』（新評論，2008年）

本書は，日本初の新自由主義の入門書である．労働，心理，反戦，教育など多分野の専門家にインタビューを行い，新自由主義がもたらす問題点をうきぼりにしている．

サミット体制に抗するために

ナオミ・クライン

『ブランドなんか，いらない——搾取で巨大化する大企業の非情』（松島聖子訳，はまの出版，2001年）

1999年，アメリカ・シアトルの反WTO闘争．なぜ，六万もの人びとが抗議活動に集まったのか．本書は，その背景にある欧米の反企業運動を紹介している．

デヴィッド・グレーバー

『アナーキスト人類学のための断章』（高祖三郎訳，以文社，2006年）

WTO，サミット開催のたびに登場する黒服やピエロの格好をした「新しいアナーキストたち」．本書は，その直接行動や合意形成の様式を詳細に紹介している．

矢部史郎，山の手緑

『愛と暴力の現代思想』（青土社，2006年）

こんにちの資本主義が強制する消費と労働．本書はそのメカニズムをキレのよい口調で解析し，テンポよく読者を資本主義への抵抗に誘っていく．

入江公康

『眠られぬ労働者たち——新しきサンディカの思考』（青土社，2008年）

《痙攣》＝新自由主義への拒否反応．すべての労働者が，日々《痙攣》の感覚をいだいて生きている．本書は，この《痙攣》から新自由主義社会への叛逆を呼びかける．

あとがき

本書は、二〇〇七年六月、数人の友人とともに、ドイツを訪問したことをきっかけにうまれた。翌年のサミットは日本開催であるし、ドイツ・ハイリゲンダムサミットでの抗議運動がどんなものなのか、ちょっと見学してこようと思ったのだ。行ってみてわかったのは、単純だと思われるかもしれないが、欧米の反サミット運動はスゴイということだった。一〇万もの人びとが誰に先導されることもなく集まり、統一の抗議運動を展開している。日本ですごしてきた自分にとって、なぜこんなに大勢の人びとがふつうにサミットに反対しているのか、不思議でならなかった。

ドイツからの帰国後、そんな疑問をもちつづけていたところ、いっしょにドイツを訪問した矢部史郎氏から、G8サミットの入門書を書かないかという話をもちかけられた。ちょうどよい機会だと思ったわたしは、さっそくG8サミットについての研究を開始し、大勢の人びとがサミットに反対していた理由を探った。執筆にあたって、矢部氏には全体の構成から語彙のもちいかたまで、なんどもひじょうに丁寧にアドバイスをいただいた。本書を無事書きあげられたのも、ひとえに矢部氏のおかげである。この場を借りて、深くお礼をもうしあげたい。

本書の出版にあたっては、大変たくさんの方々にお世話になった。まず、感謝の意をしめしたいのは、白石嘉治氏である。白石氏には、本文を書きあげたものの、出版先のあてもなくオロオロしていたわたしに、いくつも出版社を紹介していただいた。白石氏の人柄もあるが、お会いするたびに励ましの言葉をいただき、ただ感謝するばかりである。また、出版にあたっては、白石氏と同じく『序説』(『ネオリベ現代生活批判序説』)の編者である大野英士氏、図書新聞の小山晃氏、作品社の内田真人氏、福田隆雄氏、社会評論社の新孝一氏、河出書房新社の阿部晴政氏にも貴重なアドバイスをいただいた。みなさんに感謝の意をしめしたい。

それから、昨年からはじめた「ストライキ研究会」のなかまである、入江公康氏、五井健太郎氏、谷口清彦氏、松本麻里氏、吉住亜矢氏にもお礼をもうしあげたい。この一年間、サミットのことしか考えることができず、ときおり精神的に疲弊していたわたしにとって、この研究会は学習の場であると同時に、楽しい癒しの場でもあった。

お礼といえば、昨年からサミットについていっしょに考えてきた木下茅氏、仲田教人氏、平沢剛氏にも。かれらのサミットへの熱意にエンパワーメントされることなしに、本書の執筆はありえなかった。

最後に、無名の研究者であるわたしに、このような出版の機会をあたえてくれた以文社の前瀬宗祐氏に深く感謝したい。

二〇〇八年五月一七日

栗原　康

補遺　負債経済の台頭

洞爺湖サミットから八年が経った。一周まわって、ことしは伊勢志摩サミットだ。しかもちょうどこのタイミングで、本書の初刷りがきれた。それじゃせっかくだからということで、簡単な補遺をいれて増補版をだしていただくことになった。わたしにとっては、本書がはじめての著作だったので、ほんとうにうれしい。以文社の勝股光政社長には、こころから感謝もうしあげたいとおもう。

あらためて確認しておきたいこと——新自由主義はわるい

さて、それではなにを書こうかとおもったのだが、パッとおもいかえしてみても、この間、いろんなことがあってびっくりする。二〇〇七年、本書を執筆していたころから、世界金融危機はおこっていたし、そのあとしばらく、どこもかしこも経済情勢が悪化して、恐慌、恐慌とさわがれていた。二〇〇九年には、格差貧困の問題があまりにひどくなりすぎて、新自由主義ってちょっとヤバくないかという声がおおきくなった。アメリカではオバマ政権が誕生し、あたらしいニューディール政策でもやろうといわれていたし、日本でもめずらしく政権交代があって、民主党が政権をとった。マスコミレベルでも、新自由主義はわるいということがいわれるようになっていたし、年越し派遣村がおおきく報道されていたのは、まだ記憶にあたらしいんじゃないかとおもう。

とはいえ、それでなにか変わったのかというと、そんなことはない。むしろ状況はおなじで、さらに悪化している。なかでも、ひどかったのは日本だ。民主党政権になって、格差も貧困もなくならないけれども、まあ子ども手当や高校無償化はいいなくらいにおもっていたら、それどころじゃなく、二〇一一年三月一一日、東日本大震災がおこった。翌一二日には、福島第一原発が爆発している。東北関東一帯は放射能でまみれ、いまだに事故の収集の見込みはたっていない。しかも、なぜか原発政策の責任をとらされるかのように、二〇一二年には、民主党が選挙でボロ負けし、ふたたび自民党政権に逆戻りした。安倍晋三のかえり咲きだ。アベノミクス。あとですこしふれられたらとおもうが、やられていることは、けっきょく新自由主義である。

もちろん、ほかの国だっておなじようなものだ。アメリカでオバマ政権になったものの、たいして変わりはない。富める者は富み、貧しいものは貧しくなる一方だ。こりゃひどいぞということで、二〇一一年には、オキュパイ・ウォールストリートなんかがまきおこった。ヨーロッパでも状況はおなじだ。とりわけ、ギリシアでは二〇〇九年から債務危機がおこり、**トロイカ**によって構造調整を、緊縮財政をうけいれさせられることになった。しかし、これで逆に、ギリシアの国内経済はかんぜんに瓦解してしまい、あんまりだということで民衆がたちあがり、がんがん暴動をおこした。二〇一五年には、ツィプラスひきいる急進左派連合（シリザ）が政権をとって、債務帳消しと緊縮財政の拒否をやろうとしたが、でもそれ以上におどろかされたのは、けっきょくシリザがそれもできなかったということだ。国民投票をやって、ゴーサインまででていたにもかかわらず、できなかったのだから相当なものだ。この新自由主義というのは、どれだけ根深いものなのだろうか。

負債経済は新自由主義の温床だ

では、いまわたしたちの目のまえでおこっているのは、なんなのか。この事態の根っこにあるのはなんなのだろうか。おそらく金融危機ではっきりとしたというか、それ以降、世界経済を考えるうえで、キーワードになっているのが負債経済だとおもう。ここでは、それがなんなのかということと新自由主義との関係についてだけ、かんたんにふれておこう。まず、負債経済というのは、経済の基盤が借金になったということだ。政府も企業も個人の生活も、どこも借金をすることによってなりたっているのであり、それによってがんじがらめにもなっている。

本書のなかでもふれたように、一九七〇年代から先進諸国は、企業がどんなに安く物をつくっても売れなくなり、長期的な不況におちいってきた。それがながびけばながびくほど、みんな不安になって節約して食いつなぐ。そうすると、また物が売れなくなって不況になる。でも、そういう状況さえビジネスにしてしまうのが、金融権力だ。銀行は、企業にたいしてこうすすめる。わたくしどもが融資をいたしましょう、いま消費者は物を買わなくなって、みんな貯金をしています、でもそのおかげで利子がさがっております、ということは、いまからおカネを借りておいたほうがお得ですよね、いかがでしょうかと。ふつうに考えれば、いくら低金利だって、利子はついているわけで損をするのだが、企業はこれにのってしまう。投資だ、事業拡大だ、ぼろもうけ、借金したって返せるぞと。あるいは、不採算で倒産してしまうよりはましだという判断だったのかもしれない。

しかし、もちろんそれで安く物をつくっても、みんな物を買わないわけだから、企業は借金を増やし、それを返すためにまた借金をする。自転車操業だ。そうはいってもとりたては厳しくて、たまには債権者に採算がとれているとこ

トロイカ
ギリシアの財政再建を監視する三組織のこと。EU（欧州連合）、IMF（国際通貨基金）、ECB（欧州中央銀行）。

ろをみせなくてはいけない。どうするのかというと、人件費を削減して会社のもうけがあがっているようにみせかける。債権者に企業のなかみは関係ない。収支報告書のデータが黒字だったらいいのである。そして、それをやるためには、いつでもリストラできるように、はじめから非正規雇用であることがのぞましい。こうして、雇用の柔軟化がすすめられた。

また、この負債経済のおそろしいところは、おなじことが政府にももとめられることだ。ほんとうは、通貨というのは政府が信用をテコに発行するものなのに、いまではその権限は中央銀行にうばわれている。その道のプロである銀行が、カネのことをあずかるのはあたりまえだといわんばかりだ。だから、いま政府がなにかしようとしたら、銀行から借金をして事業をおこなうことになる。しかも一九七〇年くらいまでは、政府がやることなのだから、公共事業だの、公共サービスだので、赤字がでるのはあたりまえだ、それが社会生活を安定させることにつながるのだからくらいにおもわれていたが、いまはちがう。どこの企業も経営が苦しいなか、必死になって黒字にしようとしているのに、見本になるべき政府がやらないのはおかしい、民間とおなじにするべきだとかいわれてしまう。公共サービスの民営化。ひとの生活に役にたっているかどうかというのは関係ない。とにかく不採算部門を削減する。それでもたりなければ、消費税をあげればいい。いつだって、借金を返せる姿勢をしめしておかなければならないのである。

よくよく考えてみると、これでしりぬぐいをさせられているのは、わたしたち一般の庶民である。でもなかなか声をあげるひとはおおくない。なんでかというと、だれもが日常的に借金で飼いならされているからだ。いまでは携帯電話やインターネットの料金、それからちょっとした買い物、とくにネットショッピングについては、クレジットカード払いがあたりまえになっている。ふだん意識していないだけで、これは借金で買い物をするようになっているということだ。いいかたをかえると、わたしたちは借金を返済するためにはたらいているのである。もしかしたら、そんなちょっとした買い物だったら、なんともないというひともいるかもしれない。でも、三大ローンにはやられてしまう。自動車ローン、教育ローン、住宅ローン。とりわけ、後のふたつのローンは巨額である。二〇年から三〇年かけて返済させられる。返せないとはいわせない。借りたものは返せ。返せなければ、自分の身体を切り刻んででも、売ってでも返すのだ、奴隷になれと。これを債務奴隷化という。

借りたものは返せ。ふるくから根づよい人間社会の道徳である。できなければ、ひとでなしであり、反社会的であるとみなされて、その社会では生きていけなくなる。おテントウさまに顔向けができない、なにがなんでも、なにをされても返すのだと。しかも、ひとたびこの論理にとらわれてしまうと、なかなか抜けだすこともできやしない。これ古代のはなしをしているわけじゃない、現代もおなじである。たとえば、いまでは非正規雇用やリストラが常態になっていて、借金を返せなくなることが多いのだが、それでもでてくるのが負債の論理だ。おまえ、借りたものは死んでも返せよと。どんな手段をつかってもいい、他人をけおとしてでもいい、自分の身体を壊してでもいい、とにかくカネになる仕事にしがみつけと。ブラック企業でもブラックバイトでもなんでもいいから、おまえらはたらけということである。もはや、わたしたちは人間ではない。借金を返せるかどうか。自分も他人も、たんなる数量でしかなくなっている。わたしたちは奴隷なのだ。

なにがいいたかったのかというと、わたしたちは日常的な生活実感として負債の論理を、借りたものは返せという道徳をうえつけられているということだ。それもあるからだろう。ほんとうは政府や企業の借金なんて、自分とは切り離していいはずなのに、あたかも自分の借金であるかのように錯覚してしまう。たとえば、政府の借金は一千兆円ですとかいわれると、ガーンとかおもってしまって、赤字を減らすためにみんなでなんとかしなくちゃいけないかのようにおもわされる。また、ひとむかしまえまでだったら、企業が大量にリストラをするとかいったら、労働組合が本気をだして闘っていたのに、いまでは、うちはこれだけ赤字なんだとかデータをだされたら、企業にしたがわなくてはいけないとおもってしまう。それが道徳的行為だからである。負債経済は新自由主義の温床である。

ギリシアの債務危機から学ぶこと——暴動につぐ暴動をまきおこせ！

しかし、この負債経済のもとでは、わたしたちの生活はぜったいによくならない。なにかあったら、政府が借金を返すために税金をあげたり、企業が借金を返すために低賃金の非正規雇用をとったりするだけなのだから。みんな生きていくのでせいいっぱい。それすらできないこともめずらしくない。いくら企業がたくさん物をつくったって、わたしたちは物を買うこともできやしない。ひたすらすすむ窮乏化だ。しかも、二〇〇七年のサブプライムローン問題でもあきらかなように、負債経済というのは、ちょっとしたローンの焦げつきで、ガタガタに崩れだしてしまう。企業は自転車操業でやりくりすることに慣れてしまったのに、銀行はもうアブないからダメだとかいって、いきなりカネを貸さなくなる。倒産につぐ倒産、そりゃ恐慌になるにちがいない。

このままだとカネがまわらない、経済がとまってしまう、どうしよう。ということで、たとえば日本でやられたのがアベノミクスだ。もちろん、ここで力をいれられているのは、わたしたちの生活をまもることではない、企業の収益をまもることだ。政府はこんな露骨ないいかたはしないかもしれないが、考えているのはこういうことである。これまで、企業はただ赤字をかさねるだけだったのかというとそんなことはない、もうけをあげてきた。なにでもうけてきたのかというと、国内の消費だけではない、輸出である。国内で売れなければ、海外で売れればいい。だったらそれを活かそう、さらなる輸出志向型の経済をめざしていこう、自由貿易だと。この間、ＴＰＰの交渉がいそがれてきたのは、そういうことだ。それを促進するかのように、政府は金融緩和政策をとってがんがん円安をすすめ、これみよがしに輸出に有利な体制をつくっていく。新自由主義だ。

たぶん、これで競争力のある大企業はもうかるのだろう。でも、そうやって日本企業が海外との競争にかてば、わたしたちの生活は楽になるのかというと、そんなことはない。むしろ逆だ。海外との競争にかちつづけるためには、もっと安く物をつくれなくてはならない。そのためには、労働力コストのさらなる削減が必要だ。もっと、もっと、もっと労働の柔軟化がすすめられる。はたらいてもはたらいても、わたしたちの生活は苦しくなるばかりだ。しかも、それができなければ競争に負けて、これまで借りてきた借金を返せなくなってしまう。倒産だ。この数年のギリシアがものがたっているように、金融危機後、債権者のとりたてはいっそう厳しくなっている。政府の借金なんてどの国だってあるし、それこそ日本とくらべたら、ギリシア政府の借金なんてたいしたことない。それでも、ギリシアがやられたのは、対外貿易をふくめて、企業が収益をあげられなくなったからであり、国全体で借金を返せる見込みがなくなったとみなされたからである。

ほんとうはギリシアの場合、おなじEU圏で、いちはやく輸出志向型経済をとってきたドイツの安い商品にしてやられただけなのに、そんな理屈はききやしない。ギリシア人は怠け者なんだ、みんながみんなはたらこうとしていない、ろくでなしだ、ひとでなしだとか、むちゃくちゃなことをいわれて、有無をいわさずに借金をとりたてられた。債務奴隷化だ。あとは、トロイカによって構造調整をおしつけられただけのことである。カネを返せないなら追加融資をしますよ、そのかわりいうことをきいてください、まずはいまもっている政府の公的資産をバンバン売りはらって返しましょう。そのうえで、公共部門の民営化や雇用の柔軟化をやって、輸出志向型経済をめざしていきましょうとかいわれるのだが、経済破綻をしている国がこれをやったらどうなるのかは、本書のなかで、いくつも例を紹介してきたので、もういいだろう。ひとことでいえば、メチャクチャだ。

しかも、おそろしいのは、これをやられた国がひとつあると、どこもおなじことをされたくないとおもってしまうことだ。いつでも借金を返せるように、みんなちょくちょくクビにされたってしかたがない、税金がたかくなってもしかたがない、社会保障費を削られてもしかたがないとおもわざるをえなくなってしまう。ある意味、これも債務奴隷化である。なにがあっても、けっきょくでてくる負債の論理。そして、それに裏づけされた新自由主義だ。じゃあ、この論理を根っこから断ちきるためには、どうしたらいいのか。わたしは、そのこたえの一端は、ギリシアの群衆たちがしめしてくれているとおもっている。暴動につぐ暴動をまきおこせ。いつでも、貧乏人が金持ちのケツをふくとおもったらおおまちがいだ。どこの政府か、どこの企業か、どこの金融機関か、どこの投資家かわからないが、金持ちどもにいってやらなければならない。借りたものは返せない。ツケをはらうのはわれわれではない、おまえらだと。債務帳消し。まずはわたしたちを縛りつけている、この負債の論理をうちくだくところからはじめよう。

栗原康（くりはら・やすし）

1979年生まれ。早稲田大学政治学研究科・博士後期課程満期退学。現在、東北芸術工科大学非常勤講師。著書に、『大杉栄伝―永遠のアナキズム』（夜光社、2013年、第5回「いける本大賞」受賞、紀伊國屋じんぶん大賞2015年第6位）、『学生に賃金を』（新評論、2015年）、『はたらかないで、たらふく食べたい―「生の負債」からの解放宣言』（タバブックス、2015年、紀伊國屋じんぶん大賞2016年第6位）、『現代暴力論―「あばれる力」を取り戻す』（角川新書、2015年）、『村に火をつけ、白痴になれ―伊藤野枝伝』（岩波書店、2016年）がある。

増補 G8 サミット体制とはなにか

2008年6月16日　初版第1刷発行
2016年4月20日　増補版1刷発行

著　者　栗 原 康
装　幀　難 波 園 子
発行者　勝 股 光 政
発行所　以　文　社
〒101-0051　東京都千代田区神田神保町2-12
TEL 03-6272-6536　　FAX 03-6272-6536
印刷・製本：中央精版印刷

ISBN978-4-7531-0331-7